WESTEND

© privat

© privat

© Anja Weber

Hannes Koch ist Mitbegründer des Pressebüros »die korrespondenten« und schreibt für zahlreiche deutsche Zeitungen.

Bernhard Pötter schreibt über Umwelt- und Energiepolitik als taz-Redakteur, freier Journalist (ZEIT, GEO, NZZ, Profil) und Buchautor.

Peter Unfried ist seit vielen Jahren bei der taz, seit 2009 als Chefreporter.

Hannes Koch
Bernhard Pötter
Peter Unfried

STROMWECHSEL

Wie Bürger und Konzerne um die Energiewende kämpfen

WESTEND

Mehr über unsere Autoren und Bücher:
www.westendverlag.de

Die Deutsche Nationalbibliothek verzeichnet diese Publikation in der Deutschen Nationalbibliografie; detaillierte bibliografische Daten sind im Internet über http://dnb.d-nb.de abrufbar.

FSC
www.fsc.org
MIX
Papier aus verantwortungsvollen Quellen
FSC® C083411

ISBN 978-3-86489-008-6

Umschlaggestaltung: Buchgut, Berlin
Umschlagabbildung: plainpicture/Siegfried Kuttig
Satz: Publikations Atelier, Dreieich
Druck und Bindung: CPI – Clausen & Bosse, Leck
Printed in Germany

Inhalt

1 Einleitung – die Zeit für die Stromwende ist da

Das Buch atmet den Charme einer Doktorarbeit in Energietechnik: 230 eng bedruckte Seiten voller »Endenergieträger«, »Wirbelschichttechnik« und »Zusatzkosten«, dürre Grafikdiagramme hinter einem orange-schwarzen Cover. Nirgendwo Hochglanzfotos von blitzenden Solardächern mit spielenden Kindern, Windkraftanlagen vor Sonnenuntergang oder glücklichen Biomasseproduzenten auf der Weide, wie man sie heute in jedem Sparkassenprospekt findet. Aber das Buch hat einen Titel, eine These und ein Erscheinungsdatum, die es zu einem Bestseller und zu einem deutschen Klassiker gemacht haben: *Energiewende. Wachstum und Wohlstand ohne Erdöl und Uran.* Von 1980.

Als das Öko-Institut in Freiburg seinen vorsichtig so genannten »Alternativbericht« von Florentin Krause, Hartmut Bossel und Karl-Friedrich Müller-Reißmann herausbringt, lebt Deutschland noch in der Energiesteinzeit. Die Ölpreisschocks haben dem Wirtschaftswunderland schmerzhaft die erste Ahnung von den Grenzen des Wachstums vermittelt. Überall werden Atomkraftwerke geplant und gebaut, die von einer betonharten Koalition aus Politik, Verwaltung und Wirtschaft ohne Rücksicht auf Verluste durchgesetzt werden. Die Kohle gilt noch nicht als Klimakiller Nummer eins, die Grüne Partei hat sich gerade gegründet, von einer Ökolobby der Umweltverbände ist wenig zu spüren. Es ist eine Welt vor Globalisierung und Wiedervereinigung, in den Tabellen zu elektrischen Haushaltsgeräten tauchen keine PCs auf. Banken geben keine Kredite für energetische Häusersanierungen, Autos könnten in der fernen Zukunft mal vier Liter verbrauchen, die USA gelten als umweltpolitisches Vorbild. Es ist die Welt vor Tschernobyl und Fukushima und vor den Berichten des UN-Klimarats IPCC, als die alternative Vision des Öko-Instituts für Deutschlands Energiezukunft so aussieht: 50 Prozent Wind, Wasser, Solar und Biomasse – und 50 Prozent »heimische Kohle«.

In den über 30 Jahren seit Erscheinen des Buches hat sich die Welt grundlegend verändert. Aber der Begriff »Energiewende« ist geblieben. Heute wird sie von einer CDU-Kanzlerin vorangetrieben, die einmal Bundesumweltministerin war, ein Posten, den sich 1980 niemand ernsthaft vorstellen konnte. Deutschland hat sich verändert. Es ist grün geworden, bis hinein in die Werbung der Autobauer und Stromkonzerne. Und es ist das erste Industrieland, das seine Energieversorgung in wenigen Jahrzehnten ohne Atomstrom und ohne Kohlekraftwerke organisieren will.

Wie genau das gehen soll, ist niemandem klar. Was genau es bedeutet – für die Energieversorgung, die Politik, die Wirtschaft und die Kultur des Landes – auch nicht. Deutschland hat sich auf den Weg gemacht: Befeuert von den Ideen der »Energiewende« von 1980, getrieben von der »German Angst« der Babyboomer im Kalten Krieg, von Wohlstandskritik und Umweltzerstörung, motiviert auch von den wirtschaftlichen Chancen, die neue Energietechniken einem Exportland wie Deutschland bieten.

Wo dieser Weg hinführen kann und was am Rande des Weges alles passiert, davon handelt dieses Buch. Wir erzählen, wie die Energiewende Realität wird, wer sie vorantreibt und wer sie hintertreibt. Wir untersuchen, wer sie finanziert und wer von ihr finanziert wird. Wir schauen genau hin, wenn die

Politik agiert und die Wirtschaft reagiert – und erst recht, wenn es andersherum geht. Wir besuchen die Baustelle Energiewende und fragen, was aus den großen deutschen Stromkonzernen wird – und was aus den vielen kleinen Stromerzeugern, die mit den »großen Vier« um die Vorherrschaft in der Energiepolitik kämpfen. Wir schreiben über Pioniere und Bremser, über die nächste industrielle Revolution, über die Suche nach den Vorbildern einer neuen Klimakultur und über die Entscheidung, ob unsere Energie in Zukunft weiter aus dem Kraftwerk oder vom Nachbarn kommen wird.

Energiewende – was ist das genau?

Was aber heißt »Energiewende« eigentlich? Zunächst einmal: das Auslaufen der Atomkraft in Deutschland. Seit März 2011 sind acht der 19 deutschen Atomkraftwerke permanent vom Netz genommen. Für die restlichen Meiler gibt es seit Juli eine begrenzte Zukunft. Spätestens 2022 soll der letzte Atomreaktor in Deutschland heruntergefahren werden. Das Thema Atom ist damit aber nicht erledigt, denn der strahlende Müll, der insgesamt bis dahin angefallen ist, wird uns und unsere Nachkommen noch ein paar tausend Jahre beschäftigen. Aber die AKWs sollen dann verschrottet werden. Dafür soll der Strom aus Wind, Sonne, Wasser und Biomasse bis 2020 seinen Anteil von derzeit etwa 20 auf 35 Prozent am deutschen Strommix erhöhen, bis 2050 auf 80 Prozent. Dafür müssen neue Leitungen gebaut (die halbstaatliche Deutsche Energieagentur, dena, spricht von 3 600 Kilometern neuer Leitungen, Kritiker sehen einen deutlich geringeren Bedarf) und Speicher für Strom erweitert werden. Deutschland, so die Vision der Bundesregierung in ihrem »Energiekonzept für eine umweltschonende, zuverlässige und bezahlbare Energieversorgung«[1] von 2010, soll »in Zukunft bei wettbewerbsfähigen Energiepreisen und hohem Wohlstandsniveau eine der energieeffizientesten und umweltschonendsten Volkswirtschaften der Welt werden«. Das heißt: die eierlegende Wollmilchsau in Grün.

Aber das ist nur der Anfang. Denn in Wirklichkeit bedeutet »Energiewende« viel mehr. Sie setzt klammheimlich um, was früher unter dem Begriff »ökologischer Umbau der Industriegesellschaft« vor allem von Umweltschützern propagiert wurde – und was als panische Angst vor angeblich ruinösen Ökosteuern, neuen Grenzwerten und öko-diktatorischer Gängelung des deutschen Autofahrers und Häuslebauers breiten Widerstand erzeugte. Denn unsere Industrie, unser Wohnen, unser Verkehr, unsere Landwirtschaft und unser Freizeitverhalten sind bislang auf billige und jederzeit verfügbare fossile Energie ausgelegt und angewiesen. Damit macht die Energiewende Schluss: Der Strom fließt in Zukunft nicht mehr einfach aus der Steckdose, sondern vom eigenen Dach. Er wird wertvoller sein als heute, und wir werden beim Umgang mit Energie immer mehr handeln wie im Elektronikmarkt: Geiz ist geil!

Denn ein zentraler Baustein der Energiewende, wie sie die Bundesregierung plant, ist das Energiesparen: Vor allem alte Häuser müssen saniert werden, und zwar deutlich schneller und effizienter als heute. Bis 2050 sollen wir nur noch die Hälfte des Stroms verbrauchen, den wir heute durch die Leitungen schicken. »Die Vorstellung, einfach die AKWs abzuschalten, ihre Leistung durch Windkraft zu ersetzen und ansonsten so weiterzumachen wie bisher, ist absurd«, sagt etwa Stephan Kohler, der Chef der dena.

Zur Energiewende gehört ebenfalls, dass auch die Kohle als Energieträger aus Deutschland größtenteils verschwinden soll. Schon heute sind unter den Bedingungen des Emissionshandels die Braunkohlekraftwerke trotz ihres extrem billigen Brennstoffs an der Grenze der Rentabilität. Je teurer die Emissionen werden, desto eher verschwindet die Kohle als dreckigster Energieträger vom Markt. Und die deutschen Klimaziele werden – immer nach dem Plan der Bundesregierung – weiter anziehen: Denn bis 2050 soll Deutschland seinen Ausstoß des Treibhausgases Kohlendioxid auf nur noch fünf bis zehn Prozent seines Wertes von 1990 drosseln. Rechnet man ein, dass aus der Landwirtschaft, dem Verkehr oder bestimmten Industrieprozessen zwangsläufig Treibhausgase abgegeben werden, heißt das: Null Toleranz für die Emissionen aus den Kraftwerken! Stromwechsel total!

Klingt ambitioniert. Ist es auch. Denn diese Operation am offenen Herzen eines Wohlstandslandes hat bisher noch niemand gewagt. Kein anderes Industrieland, dessen Fabriken, Krankenhäuser oder Zugverbindungen auf bezahlbare und sichere Stromversorgung angewiesen sind, hat beschlossen, sowohl auf die Nutzung von Atom als auch auf Kohle zu verzichten. Doch der deutsche Sonderweg ist nur die konsequente Umsetzung der Verpflichtung, die die Industriestaaten im Angesicht des immer schnelleren Klimawandels eingegangen sind: Der Anstieg der globalen Durchschnittstemperatur sei demnach auf zwei Grad Celsius zu begrenzen. Nimmt man das ernst, bedeutet es, dass bis 2050 nur noch 750 Milliarden Tonnen CO_2 weltweit emittiert werden dürfen – bei derzeit knapp 35 Milliarden Tonnen jährlich. Rechnet man diese Summe auf die Weltbevölkerung herunter und rechnet man dazu, wie viel die Industriestaaten in den vergangenen Jahrzehnten schon ausgestoßen haben, kommt man zwangsläufig zu den drastischen Reduzierungen, die wir Deutschen jetzt planen.

Die deutsche Energiewende hat noch einen anderen internationalen Aspekt: Weltweit steht das Mutterland von Siemens, Mercedes und RWE unter verschärfter Beobachtung. Vor allem Schwellenländer wie China beobachten fasziniert, ob die grünen Deutschen ihre hochgesteckten Ziele erreichen. Und auch wenn die deutschen Erfolge im Klimaschutz – minus 25 Prozent seit 1990 und auf dem Weg, minus 40 bis 2020 zu erreichen – zu großen Teilen darauf beruhen, dass die CO_2-intensive Industrie der DDR nach der Wiedervereinigung zusammengebrochen ist und dass energieintensive Industriezweige verlagert wurden: Mit Deutschland steht oder fällt der Versuch, aus grüner Technik soviel Gewinn zu schlagen, dass sich die massiven Investitionen in den Umbau einer ganzen Volkswirtschaft bezahlt machen.

Deutschland steht also wieder mal vor einer Wende. Aber diesmal soll sie gelingen. Das war in der Vergangenheit nicht immer der Fall. Die »geistig-moralische Wende«, die Helmut Kohl 1983 ausrief, führte zum Abbau des Wohlfahrtsstaats, zur völligen ökonomischen Liberalisierung und zum Siegeszug des Neoliberalismus, der auch konservative Werte wie Ehrlichkeit, Verlässlichkeit, Familienglück und Bewahrung der Schöpfung spätestens in der Finanzkrise seit 2008 ruinierte. Die Wende in der DDR führte zum Ende des totalitären Sozialismus auf deutschem Boden, zur Wiedervereinigung der beiden deutschen Teilstaaten und ungewollt durch den Bankrott der maroden DDR-Industrie zum effektivsten Umweltschutzprogramm in der deutschen Geschichte. Die »Agrarwende« nach dem BSE-Skandal Ende 2000 wurde nur in kleinen Ansätzen verwirklicht, weil gegen die Interessen der Landwirtschaftskonzerne nicht anzukommen war. Und die »Verkehrswende« steht nach wie vor im Stau.

Deutschland, einig Ökoland?

Die Energiewende soll anders sein, und vielleicht ist sie es auch: Selten gab es einen so großen Konsens im Land. Normalerweise sind wir Deutschen nur bei einer Fußball-WM so einig wie jetzt bei der Energiewende: Schon sehr lange gibt es in Umfragen eine stabile Mehrheit gegen die Atomkraft, auch die Mehrkosten für die Erneuerbaren werden relativ klaglos hingenommen. Das haben nun unter dem Schock von Fukushima auch die letzten Politikerinnen und Politiker registriert: Von PDS bis CSU sehen wir keine Parteien mehr, sondern nur noch selbsternannte Umweltschützer: Alle wollen inzwischen die Nutzung der Atomkraft beenden und erwarten die Zukunft von den Erneuerbaren. Anders als in anderen Staaten wie etwa Frankreich oder den USA gibt es keine gesellschaftlich relevanten Gruppen, die die Notwendigkeit des Klimaschutzes leugnen oder so eng mit der Regierung verfilzt sind, dass sie deren Energiekurs auf Atom und Kohle einschwören.

Deutschland, einig Ökoland. Schnell wird da vergessen, dass der radikale Schwenk der schwarz-gelben Regierungskoalition von 2011 tatsächlich nur die alten Zustände wieder hergestellt hat: Was jetzt als Energiewende gilt, entspricht fast genau dem rot-grünen Atomausstieg von 2000, den Schwarz-Gelb 2010 kassierte. Um Wahlversprechen einzulösen, garantierte die Regierung Merkel den deutschen Stromkonzernen milliardenschwere Zusatzgewinne. Genau auf dieses Szenario hatten die vier Atomkonzerne E.ON, RWE, Vattenfall und EnBW gesetzt, als sie (beziehungsweise ihre Vorgängerfirmen) sich mit der rot-grünen Regierung unter Kanzler Gerhard Schröder auf den »Ausstieg im Konsens« geeinigt hatten.

Merkels Plan sah vor, den Stromkonzernen zwölf zusätzliche Jahre an satten Profiten zu schenken. Offiziell hieß es, die

AKWs, mit denen die Konzerne pro Meiler etwa eine Million Euro pro Betriebstag verdienen, seien die »Brücke in das Zeitalter der Erneuerbaren«. Kein halbes Jahr nach den Laufzeitverlängerungen stürzte diese Brücke am 12. März 2011 um 15:36 Uhr Ortszeit im japanischen Atomkraftwerk Fukushima Daiichi krachend zusammen. Die Explosion im Reaktorblock 1 war nur der Anfang vom Ende der deutschen Atomkraftwerke. In den Tagen darauf gerieten auch die anderen beiden Reaktoren in Fukushima außer Kontrolle, schmolzen die Sicherheitsbehälter durch und verseuchten die Umgebung weiträumig. Monate nach der Katastrophe sind die Reaktoren immer noch nicht unter Kontrolle und Schätzungen gehen davon aus, dass es dafür auch noch Jahrzehnte brauchen wird.

Den schwersten Kollateralschaden richtete die Havarie von Fukushima in Berlin an: Die Bundeskanzlerin und Physikerin Angela Merkel änderte in der Atomfrage und unter dem Druck von anstehenden Landtagswahlen ihre atomfreundliche Haltung. Ob Merkel und ihr Umweltminister Norbert Röttgen tatsächlich, wie behauptet, erst in Fukushima erkannt hatten, dass das Restrisiko der Atomkraft auch in einem Hightechland nicht tragbar sei, oder ob sie auf den Anti-Atom-Schock der Bevölkerung reagierten, ist letztlich egal. Tatsache ist: Die Sponsoren der Atomkraft verwandelten sich über Nacht zu ihren Insolvenzverwaltern.

So deutlich der Schwenk in der Atomfrage war, so wenig veränderte der neue Kurs die Zielvorgaben für den Ausbau der erneuerbaren Energien: Die Ziele für Wind, Sonne und Biomasse unter der »Energiewende« stammen noch aus dem Energiekonzept der Bundesregierung vom Herbst 2010. Neu ist vor allem eines: Die Bundesregierung nimmt ihre eigenen Ziele jetzt tatsächlich ernst.

Dass mit dem Ausstieg vom Ausstieg vom Atomausstieg der Regierung Merkel das letzte wirklich inhaltliche Hindernis für eine schwarz-grüne Regierungskoalition im Bund verschwunden ist, spielt nur eine Nebenrolle. Aber hinter all dem Theaterdonner der politischen Debatte rund um die Energiewende verschwindet fast das Wesentliche – die Kontinuität der deutschen Energiepolitik bei Erneuerbaren: Begonnen mit dem »Stromeinspeisegesetz« noch unter der schwarz-gelben Regierung von Helmut Kohl, wurde der Ausbau durch das rot-grüne »Erneuerbare Energien Gesetz« (EEG) forciert und dann weder unter der großen Koalition noch unter der christlich-liberalen Regierung von Angela Merkel gekappt. Deren Energiewende beruht auf der 20-jährigen, parteiübergreifenden Vorarbeit der Bundesregierungen und etlichen Parlamentsabgeordneten.

Tatsächlich geht der massive Zubau der erneuerbaren Energien durch das EEG zurück auf eine Art Graswurzelbewegung: Geschrieben wurde das Gesetz nicht wie üblich von Ministerien, sondern von Abgeordneten und der aufkeimenden Branche der Erneuerbaren. Ohnehin hat die Energiewende sehr viele Mütter und Väter, angefangen bei der Generation der *Energiewende*-Autoren vom Öko-Institut. Die Aktivisten der Anti-AKW-Bewegung protestierten nicht nur am Zaun von Brokdorf oder gegen die WAA in Wackersdorf. Sie arbeiteten an alternativen Energien, setzten sie um und tüftelten Verbesserungen aus. Sie studierten BWL, Energietechnik oder Jura, gründeten Unternehmen, produzierten Windanlagen und Solarpaneele, hatten Erfolg, gingen Pleite, wurden Millionäre oder Ministerialbeamte. Sie agitierten in Hochschulen, organisierten über Jahrzehnte den Widerstand gegen AKWs und Castortransporte. Sie ließen sich in Parlamente wählen, versammelten sich zu Lobbygruppen und machten den Stromkonzernen das Leben schwer und den Erneuerbaren den Weg frei. Jahrelang trugen sie die »Atomkraft? Nein Danke«-Buttons erst am Parka, dann am Sakko, bis sie 2010 ihre Enkel mit »Atomkraft? Nicht schon wieder«-Aufklebern auf die Demo gegen die Laufzeiten begleiteten. Alle diese Überzeugungstäter in Schulen, Firmen, Kirchen, Gewerkschaften und Stadtquartieren bereiteten über 30 Jahre den Boden für die Energiewende von 2011. Wenn die Demokratie vom Mitmachen lebt, dann die Energiedemokratie erst recht.

Diese Bürgerbewegung war über Jahrzehnte hinweg klug genug, sich Verbündete zu schaffen. Der Aufstieg der Wind- und Solarunternehmen aus den Garagenfirmen langhaariger Technikfreaks zu kreuzbraven mittelständischen Betrieben legte eine ökonomische Basis und schuf eine politische Lobby bis weit hinein ins bürgerliche Lager. Die Vorteile für Bauern durch Verpachtung von Land für Windräder oder Zusatzgewinne als »Energiewirte« hatten einen ähnlichen Effekt. Die finanzielle Förderung von »Grubengas« (Methan) durch das Gesetz für die erneuerbaren Energien (EEG) sicherte etwa die Unterstützung des »Kohleflügels« der SPD für ein Gesetz, das tendenziell ihren Interessen widersprach. Zum positiven Image der erneuerbaren Energien als Technik für den Umweltschutz kam auch das wirtschaftliche Element als Jobmotor, Wachstumsgarant und Exportschlager.

Nun, am Beginn der wirklichen Energiewende, treten neue Interessengegensätze auf: Nicht alles, was »erneuerbar« heißt, muss auch gefördert werden. Nicht jede Firma, die grüne Energie erzeugt, verdient sich das Image als Retter der Welt.

Ein historischer Schritt und eine Reise mit unbekanntem Ziel

Donnerstag, 30. Juni 2011, 12:18 Uhr, Deutscher Bundestag in Berlin: Mit den Stimmen von CDU/CSU, FDP, SPD und Grünen beschließen die Abgeordneten die Novelle des Atomgesetzes. Nach »mindestens 30-jähriger, kontroverser, zum Teil unversöhnlicher Debatte« werde nun ein Konsens besiegelt, sagt Umweltminister Röttgen vor dem Parlament. Ein historischer Tag. Denn die allgemeine Stimmung in Deutschland ist: Wir haben die Energiewende geschafft! Thema abgehakt!

Die Erleichterung über den Friedensschluss im 30-jährigen Atomkrieg ist verständlich. Aber die Ansicht, die Energiewende sei geschafft, ist ein grandioser Irrtum. Sie hat gerade erst begonnen! Die Oligopole der Stromkonzerne sind ins Rutschen geraten, aber keiner weiß, wo die Reise hingehen wird. Die Stadtwerke und die Investoren in erneuerbare Energien werden immer stärker, aber niemand kann sagen, wohin sie sich entwickeln. Die Windräder, Solarpaneele und Biogasanlagen schießen wie Pilze aus dem Boden, doch kaum jemand kann sagen, wie daraus eine flächendeckende zukunftsfähige Stromversorgung werden soll – von der Energie für Wärme und für Verkehr ganz zu schweigen.

Diese Unsicherheit ist ungewohnt. In der deutschen Stromlandschaft waren bisher immer die Karten übersichtlich verteilt. Seit die Nazis 1935 zur »Wehrhaftmachung« der deutschen Industrie die kleinen Stromanbieter zu mächtigen Konzernen zusammenfassten, war big immer beautiful. Über Jahrzehnte herrschten die Stromunternehmen in ihrem jeweiligen Monopolgebiet als praktisch unumschränkte Herrscher über Preise und Kunden. Die Konzerne waren teilweise in Staatsbesitz und sind oft bis heute mit der Politik über Anteile der Kommunen und Aufsichtsratsposten für Bürgermeister und Minister eng verflochten. Dass ein Bundeswirtschaftsminister Werner Müller vom Energiekonzern Veba kam, um mit seinen ehemaligen Kollegen für die Bundesregierung über den Atomausstieg zu verhandeln, oder ein Experte wie Gerald Hennenhöfer erst im Bundesumweltministerium die Abteilung Reaktorsicherheit führte, dann zum Atomkonzern E.ON wechselte und schließlich unter der schwarz-gelben Regierung wieder auf seinen alten Posten im Umweltministerium zurückkehrte, ist da nur die Spitze des Eisbergs.

Auch die Liberalisierung des Strommarktes hat die Situation nicht wirklich verändert. Denn Rot-Grün verabschiedete nicht nur das EEG und züchtete damit langsam die Konkurrenz für die großen Vier heran, die jetzt E.ON, RWE, EnBW und Vattenfall heißen. Gleichzeitig setzte bisher noch jede deutsche Regierung auf die Stärkung der großen Unternehmen, die sich als »nationale Champions« auf dem EU-Binnenmarkt etwa gegen Staatskonzerne wie das französische EDF behaupten sollten. Außerdem verzichteten die Bundesregierungen lange darauf, den Wettbewerb auf dem Markt durch eine wirklich effektive Regulierungsbehörde zu sichern. Im Effekt bestreiten heute die Konzerne zusammen immer noch etwa 80 Prozent der deutschen Stromproduktion.

Die deutsche Energiewirtschaft ist also Unsicherheit und Bewegung nur eingeschränkt gewöhnt. Die aber wird es in Zukunft reichlich geben. Wenn Politik und Wirtschaft in Zeiten der Wirtschaftskrise »auf Sicht fahren«, wie es CDU-Finanzminister Wolfgang Schäuble formuliert hat, gilt das umso mehr für Politik und Investitionen in Zeiten der Energiewende. Zwar müssen Entscheidungen für Investitionen langfristig getroffen werden, aber wie genau sich die Energiepolitik in den nächsten Jahrzehnten entwickeln wird, ist offen: Setzen sich Großprojekte wie Desertec – der ehrgeizige Plan, Europa mit Solarstrom aus der Sahara zu versorgen – durch? Konzentrieren sich die Großkonzerne eher auf das Geschäft außerhalb Deutschlands? Wie koordinieren sich Stadt- und Bürgerwerke bei der Energieerzeugung? Zunehmend wird auch im Bereich der Energiepolitik zutreffen, was bislang schon in der Finanzkrise oder der Klimakrise gilt: Entscheidungen müssen in einem Umfeld der Unsicherheit getroffen werden.

Für die Energiewende ist das nicht unbedingt ein schlechtes Zeichen. Ihre Protagonisten haben sich in Jahrzehnten daran gewöhnt, flexibel zu reagieren, sie haben das Votum der Bevölkerung hinter sich und eine starke Industrie an ihrer Seite. Wie das Abenteuer »deutsche Energiewende« allerdings ausgeht, ist offen. Schließlich wissen die ältesten Experten beim Umgang mit erneuerbaren Energien – die Segler – genau: Eine Wende ist eine Drehung gegen den Wind, mit hohem Risiko und unter vollen Segeln. Dabei gibt es Turbulenzen, und das Boot kann kentern. Es kann aber auch richtig Schwung holen.

2 Das intelligente Stromnetz kommt – mit Pionieren und Problemen

Ohne die Reaktorkatastrophe von Tschernobyl 1986 wäre Jörg Müllers Leben anders verlaufen. Als Auslandsstudent der DDR lernte der damals 22-Jährige in der sowjetischen Hauptstadt Atomkraftwerkstechnik. Spannend in jeder Hinsicht: »Ich war heilfroh, aus Deutschland rauszukommen. In Moskau herrschte eine Art revolutionärer Stimmung. Die Leute begannen gerade, über alles zu reden, den Stalinismus, die Lager«, sagt Müller. Gorbatschows Öffnung war im Gange, die Perestroika.

Für Juni 1986 stand auf Müllers Ausbildungsplan ein Praktikum im Kernkraftwerk Tschernobyl. Dazu kam es nicht mehr. Im April jenes Jahres havarierte die Anlage und machte ein riesiges Gebiet unbewohnbar. Aus Angst vor den Strahlen verboten Mütter und Väter in Westeuropa ihren Kindern, auf die Straße zu gehen, wenn es regnete.

Noch 25 Jahre später ist Müller die Verstörung anzumerken, die die Explosion bei ihm auslöste. »Es galt doch das Weltbild, der Mensch ist die Krone der Schöpfung, alles ist beherrschbar.« War (und ist) es aber nicht. Als Physiker und Spezialist für Atomtechnologie kann Müller bestens erklären, wie die Katastrophe ablief. Einfach gesagt: Das Atomkraftwerk war neu und in gutem Zustand. Aber die Bedienungsmannschaft hat jede Menge blöder Fehler gemacht und Sicherheitsmechanismen außer Kraft gesetzt, um mit dem Reaktor ein Experiment zu veranstalten. Früher hatte das funktioniert, diesmal aber nicht. Im Reaktorkern kam es zu einer Wasserdampfexplosion, der Graphitblock, in dem die Brennelemente steckten, fing Feuer. Der Brand verteilte das radioaktive Inventar in die Umgebung und über den Kontinent.

Heute ist Müller Unternehmer für erneuerbare Energien. »Klein-Sibirien« nennt er seinen Landstrich in der Uckermark. An diesem Dienstag Ende Oktober 2011 ist es schon erstaunlich kalt. Der Wind pfeift über das weite, flache Land. Gut für Müllers Firma Enertrag: Seine Windräder drehen sich im Akkord. Aber Brandenburgs Ministerpräsident Matthias Platzeck friert. Ohne Mantel posiert er vor dem Gebäude, das die Zukunft der Energieversorgung beherbergt. Die Fotografen sollen sich beeilen. »Ein Quantensprung«, lobt Platzeck. Dann drückt er den symbolischen Anschaltknopf und eröffnet das Wind-Wasserstoff-Hybridkraftwerk, das Enertrag beim Städtchen Prenzlau, anderthalb Zugstunden nördlich von Berlin, errichtet hat.

Mit dieser Anlage sind Unternehmen und Land ziemlich weit vorne. Hybridkraftwerke gibt es bislang kaum. Das Kraftwerk produziert zwar ganz normal Ökostrom mittels Windrädern, aber der besondere Trick ist die Speicherung der Energie in Form von Wasserstoff. Mit dieser Technik können die umweltfreundlichen Energien endgültig zur Konkurrenz für den permanent verfügbaren Strom aus zentralen Atom-, Kohle- und Gaskraftwerken werden.

Kein Einzelteil des Kraftwerkes ist eine neue Erfindung, aber die Kombination der verschiedenen Elemente ergibt eine innovative Anlage. Sie steht am Rande einer einspurigen Asphaltstraße, die eine leichte Erhebung überspannt. Rundum geht der Blick in die Ebene bis zum Horizont: riesige Felder und Äcker, Dutzende Windmühlen in kilometerlangen Reihen – teilweise entlang der Autobahn, die vorbei am pommerschen Pasewalk hoch zur Ostseeinsel Usedom führt. Für die Ackerfrüchte der umgebenden Industrielandwirtschaft sind die drei Silos da, jeder mit einem Durchmesser von gut 21 Metern. In ihnen vergärt beispielsweise Mais, wodurch Biogas entsteht.

Am Fuße eines kleinen Abhangs ist in einer acht Meter hohen Halle der Elektrolyseur untergebracht. Diese Maschine nutzt den Strom, den die umgebenden Windanlagen liefern, um im elektrochemischen Verfahren der Elektrolyse Wasser in Sauerstoff und Wasserstoff zu spalten. In Dutzenden durchsichtigen Leitungen zu beiden Seiten des vier Meter hohen Wunderapparates blubbert das Gas – links O_2, rechts H_2.

Den Wasserstoff speichert die Firma dann in drei großen weißen Tanks vor dem Gebäude. Dort wartet das energiehaltige Gas auf seine Weiterverwendung. Zum einen liefert Enertrag den Wasserstoff an den französischen Ölkonzern Total, der ihn an mehreren Tankstellen in Berlin und Brandenburg als umweltfreundlichen Treibstoff für Autos verkaufen will. Und zum anderen kann der Wasserstoff – gemischt mit Biogas aus den Silos – im Blockheizkraftwerk, das die Anlage ergänzt, verbrannt werden. Dadurch entsteht wieder Strom, gleichzeitig aber auch Wärme für Heizungen.

Gut drei der insgesamt neun Millionen Euro für das Wasserstoffkraftwerk hat Enertrag selbst finanziert. Hinzu kamen vier Millionen öffentliche Fördergelder und Beiträge von Total, vom Energiekonzern Vattenfall und der Deutschen Bahn AG. Die Konzerne klinken sich ein, weil sie den Anschluss an die Innovationen bei den erneuerbaren Energien nicht verpassen wollen. Denn Vattenfall und die anderen Energiekonzerne wissen um die revolutionäre Bedeutung des Hybridverfahrens. Dieses könnte ihren großen Kohle- und Gaskraftwerken langfristig die Existenzgrundlage entziehen.

Der entscheidende Punkt ist die Speicherung des Ökostroms. Bis heute haben die Ökoenergien einen wichtigen Nachteil:

Wegen der Abhängigkeit vom Wetter steht Wind- und Solarstrom manchmal im Überfluss zur Verfügung, manchmal aber bleibt er völlig aus. »Die Diskontinuität ist eine gravierende Schwäche«, sagt Ministerpräsident Platzeck bei der Eröffnung. Bisher können solche Schwankungen nur die großen, zentralen Grundlastkraftwerke der Konzerne ausgleichen. Die laufen quasi permanent und spülen Milliarden in die Kassen der Unternehmen. Speichert man jedoch den Ökostrom, braucht man irgendwann vielleicht kaum noch Grundlastkraftwerke. Die großen Energiekonzerne wären quasi überflüssig.

Enertrag-Hauptaktionär Müller bezeichnet die Stromspeicherung als »archimedischen Punkt«, an dem man den Hebel ansetzen müsse. Auch mit erneuerbaren Energien könne man künftig »vollwertige, bedarfsgerechte Kraftwerke« betreiben, so Müller.

Von der Planwirtschaft zur Energiewende

Während der Eröffnungsfeier läuft Müller wie zufällig zwischen den hunderten Gästen herum. Bei seiner Frau untergehakt, mit der er seit 1989 verheiratet ist, plaudert er hier und da, freut sich seines Erfolgs. Die graue Prinz-Eisenherz-Frisur weht im Wind. Den großen Auftritt und die Reden überlässt er seinen Vorstandskollegen. Er ist der Chef, er duzt sich mit dem Ministerpräsidenten, ihm gehören 51 Prozent des Unternehmens. Kommt er von einer Geschäftsreise aus London oder Paris zurück, legen ihm seine Mitarbeiter stapelweise Verträge und Aufträge hin, die er mit rotbrauner Tinte unterschreibt.

Als er im Herbst 1989 »aus dem großen Aufbruch in Moskau zurück ins Land der Betonköpfe« kommt, findet er es »sonnenklar, dass das System der DDR einem schnellen Ende entgegengeht«. Müllers Vater war wegen leichter Kritik an der realsozialistischen Wirtschaftspolitik schon früh angeeckt. Vom Leiter des Zementanlagenbaus der DDR degradierte man ihn zum Lehrling, um ihn schließlich wieder zum Kombinatsleiter in der Möbelproduktion zu machen. Sohn Jörg probt ein bisschen deutschen Glasnost und beteiligt sich an der Demonstration gegen die DDR-Führung am 4. November 1989.

Auch in technischer Hinsicht ist sein Fortschrittsglaube alter Prägung erschüttert. Obwohl Tschernobyl nicht sofort grundsätzliche Zweifel an der Atomtechnologie aufkommen lässt. Müller: »Meine Oma hatte pro Zimmer eine Glühbirne. Das fand ich nicht erstrebenswert. Ich wollte nicht zurück in die Zeit ohne Strom.« Aber zu einer beruflichen Umorientierung führt der Atomunfall doch. Wieder in Berlin, spezialisiert Müller sich bei seiner Arbeit im Kraftwerksbau auf das Thema Reaktorsicherheit.

Er studiert Unfallhergänge in Atomkraftwerken und berechnet ihre Wahrscheinlichkeit. Dabei fällt ihm auf: Menschen machen Fehler, die in den Modellen nicht vorkommen, weil sie durch vorhandenes Wissen und Sicherheitsstandards eigentlich ausgeschlossen sind. Ein Beispiel: In der Kühlleitung eines Atomkraftwerkes brachten Techniker einen neuen Messfühler an. Später fiel zufällig auf, dass die Wandstärke der lebenswichtigen Leitung inzwischen auf die Hälfte abgenommen hatte. Erklärung: Das Metall des Messinstrumentes und das Material des Rohres hatten miteinander reagiert – eigentlich chemisches Anfängerwissen, dennoch ignoriert. Müller zieht daraus den Schluss, dass die gängige Annahme, ein katastrophaler Atomunfall finde nur einmal in einer Million Jahre statt, »Selbstbetrug und Volksberuhigung« ist. Er schlägt einen Weg ein, den er nicht mehr zurückgehen kann.

Hinzu kommen die Zufälle und Ereignisse der neuen Zeit. In Brandenburg übernimmt ein Politiker aus der Bürgerrechtlerszene das Amt des Umweltministers: Matthias Platzeck. Aus dessen Haus bekommen Müller und einige Kollegen den Auftrag, das Bundesland nach Standorten abzusuchen, die sich für den Bau von Windkraftwerken eignen. Der erste große Schritt in Richtung der erneuerbaren Energien ist gemacht. 1993 folgt der zweite: Müller gründet ein Ingenieurbüro, um Ökoenergieanlagen zu planen und zu bauen – die Keimzelle der heutigen Firma Enertrag.

Ende 2011 beschäftigt das Unternehmen 430 Leute im In- und Ausland. Bislang hat es 500 Windmühlen errichtet, die rechnerisch eine Million Privathaushalte mit Elektrizität versorgen können. Die Zentrale, in der 140 Beschäftigte arbeiten, steht im Dorf Dauerthal in der Uckermark. Müller wohnt um die Ecke. Er hat diesen Platz ausgesucht, weil es hier ziemlich windig ist – das war ein Ergebnis seiner Studie für Umweltminister Platzeck.

Neuer Wohlstand auf dem Land

In Dauerthal sieht man, welches Potenzial die Ökoenergien besitzen. Sie können Wohlstand in vergessene Gegenden bringen. Andere Dörfer prägen LPG-Ruinen, hier steht dieses Gebäude, das man nicht erwartet. Außen ist es mit leuchtend blauem Glas, grauem Metall und Holz verkleidet. Manche Flächen sind asymmetrisch, die Architekten haben sich Gedanken gemacht. Innen gibt es ein großzügiges Atrium mit angenehmen Sofas, Lesestoff und einem frequentierten Restaurant. Die Enertrag-Leute tragen hohe Schuhe und Jacketts von der Art, wie man sie in der benachbarten »Kürassier«-Stadt Pasewalk garantiert nicht kaufen kann.

Das Bürogebäude steht auf dem Gelände eines ehemaligen Gutshofes. Im alten Wohnhaus des Bauern hat Müller sein Büro, der frühere Obstgarten ist nun ein kleiner Park mit Bänken, Wegen und Teich. Und dann steht da noch dieses kreisrunde, zweistöckige Gebäude – die Leitwarte. Im Kontrollraum sitzen sechs Männer vor 13 Monitoren. Die Zentrale ist rund um die Uhr besetzt. Von hier steuert Enertrag gegenwärtig rund 1300 Windanlagen in Deutschland, Tschechien, Polen, Frankreich und Großbritannien – eigene und solche in fremdem Besitz. Die Stromproduktion der Windkraftwerke lässt sich von hier aus regeln, technische Probleme kann man via Datenleitung diagnostizieren und beheben.

In diesem Kontrollzentrum sieht man, was die Energiewende eigentlich ausmacht. Mit ihr verändern sich nicht nur die Kraftquellen, durch sie verschiebt sich auch die Struktur der Wirtschaft insgesamt. Enertrag betreibt Windmühlen, Biogasanlagen, Blockheizkraftwerke und Wasserstoffspeicher. Außerdem speist die Firma ihren Strom mit eigenen Leitungen direkt ins Hochspannungsnetz ein. Das sind die einzelnen Teile, die erst durch ihr Zusammenwirken eine ganz neue Bedeutung erhalten.

Der entscheidende Punkt ist dieser: Durch die zentrale Steuerung lassen sich die Schwankungen der Stromproduktion der vielen kleinen Ökoenergieanlagen zumindest teilweise ausgleichen. Weht zu wenig Wind, kommen die gasbetriebenen Blockheizkraftwerke ins Spiel. Außerdem wird die als Wasserstoff gespeicherte Energie abgerufen. Herrscht dagegen starker Wind, benutzt man die überschüssige Energie, um die Speicher wieder aufzufüllen. Aus vielen kleinen Kraftwerken wird damit ein virtuelles Großkraftwerk.

Manches steckt noch in den Kinderschuhen, anderes ist bisher nur Theorie – die Entwicklung steht ziemlich am Anfang.

Aber die Richtung zeichne sich bereits ab, meint Jörg Müller: »In 40 Jahren gibt es keine 1 000-Megawatt-Kraftwerke mehr« – das ist die Größenordnung der heutigen zentralen, »konventionellen« Anlagen, die die Konzerne betreiben. Der Grund: Die erneuerbaren Energien mit ihren Schwärmen kleiner Anlagen können zunehmend die Funktion der großen Kraftwerke übernehmen und die Grundlast der Elektrizität liefern, die Bürger und Unternehmen permanent brauchen. »Es sollte uns gelingen, eine mittelständische Struktur der Energieversorgung in Deutschland aufzubauen. Wenn wir später immer noch ein Oligopol weniger marktbeherrschender Konzerne hätten, wäre ich sehr traurig«, sagt Müller.

Energie – Internet der Zukunft

Doch so weit ist es noch nicht. Während mehr und mehr Ökostrom in die Stromleitungen gepumpt wird, deuten sich die großen Herausforderungen gerade mal an. Neue Kraftwerke in ausreichender Zahl zu bauen, ist schon kompliziert und langwierig genug. Doch dazu kommt: Das gesamte Energiesystem bedarf einer grundsätzlichen Renovierung, denn später muss es ganz anderen Anforderungen genügen als heute. Als »zukünftiges Energie-Internet« bezeichnet US-Forscher Jeremy Rifkin das, was wir heute noch als traditionelles Stromnetz kennen. In diesem Begriff enthalten sind drei Aspekte, die man gegenwärtig nicht unbedingt mit Produktion, Verteilung und Verbrauch von Elektrizität in Verbindung bringt: zum einen die dezentrale Struktur, zweitens die pausenlose Kommunikation und drittens die Demokratisierung – die Teilnehmer sind potenziell Anbieter und Nachfrager zugleich. Die (noch) gegenwärtige Hierarchie zwischen wenigen

Produzenten und vielen Konsumenten löst sich auf. Jeder kann Stromproduzent oder zumindest aktiver Verbraucher sein. Dafür allerdings braucht man ein anderes Elektrizitätsnetz, als es heute zur Verfügung steht.

Das Netz, die Stromerzeuger und Stromverbraucher müssen intelligent werden. Früher haben sie sich relativ schlicht verhalten, die Technik war simpel. Der Strom kannte nur eine Richtung – er floss aus den zentralen Kraftwerken zu den Verbrauchern. Ein wenig hat sich das schon geändert. Zehntausende Investoren, Bauern und Hausbesitzer verbrauchen nicht nur Elektrizität, sondern speisen selbst auch Strom in die Leitungen ein. Hier und da fließt die Energie schon in zwei Richtungen. Doch dieser Effekt wird sich in Zukunft enorm verstärken. Die Dezentralisierung der Energieproduktion bedeutet, dass hunderttausende, vielleicht Millionen Produzenten hinzukommen. Manche liefern nur ein paar Kilowattstunden, andere große Mengen. Dieses wechselnde und unstete Angebot, aber auch der Verbrauch müssen künftig gesteuert werden, damit das Netz nicht zusammenbricht. Über die notwendige Intelligenz, dieses Management zu leisten, verfügt das Energiesystem heute nicht. Aber es gibt Leute, die daran arbeiten.

Einige davon sitzen beim Fraunhofer-Institut für Windenergie und Systemtechnik (IWES) in Kassel. Das IWES betreibt grundlegende Forschung für das Zeitalter der neuen Energien – international ist es in diesem Bereich führend und berät unter anderem auch die Bundesregierung. Uwe Holzhammer, Umweltingenieur, Jahrgang 1975, weiß, welche Leistungen das intelligente System der Zukunft bringen muss. Es soll beispielsweise ermöglichen, sowohl die produzierte Strommenge als auch die nachgefragte Strommenge viel flexibler zu regeln, als das gegenwärtig machbar ist. Ersteres bezeichnet man als Erzeugungsmanagement, letzteres als Lastmanagement. Im

Energiesystem, wie es heute arbeitet, ist diese Steuerung nur rudimentär angelegt. Erzeugungsmanagement bedeutet zur Zeit, dass die großen Atom- und Kohlekraftwerke der Konzerne quasi immer laufen, um die Grundlast zu erzeugen. Wenn Deutschland morgens aufsteht und die Kaffeemaschinen anwirft, mittags ein warmes Essen braucht und nach der Arbeit die Wasch- und Spülmaschinen laufen lässt, schalten die Stromversorger ein paar Kraftwerke dazu, damit der Spitzenbedarf befriedigt werden kann. In Zukunft wird diese An-Aus-Logik nicht mehr reichen. Wenn der Wind auf der Nordsee zu Zeiten der Spitzenlast abflaut, muss das System der regenerativen Energien in der Lage sein, kurzfristig Ersatz zu beschaffen. Das kann man beispielsweise mit Jörg Müllers Stromspeichern machen – oder auch mit einem Mechanismus, den Holzhammer sich ausgedacht hat.

Das IWES erforscht nicht nur technische Lösungen wie Getriebe für Windanlagen oder Steuerungssoftware für Netzzentralen. Man erarbeitet auch Konzepte für die Regulierung des Energiemarktes. Welche politische Intervention, welche gesetzliche Regelung ist notwendig, damit der Markt einen gewünschten Effekt hervorbringt? Die Bundesregierung in solchen Fragen zu beraten, ist eine Spezialität Uwe Holzhammers.

Gerade kommt er von einem Termin im Umweltministerium in Berlin. Man trifft sich im Café Einstein Unter den Linden, wo es eigentlich niemals einen Tisch gibt, die Kellner dann aber doch zwei Plätze zuweisen – zwischen einem Staatssekretär rechts und zwei Abgeordneten links. Zum grauen Anzug trägt Holzhammer ein lilafarbenes Hemd mit ebensolcher Krawatte. Die welligen rotbraunen Haare sind zum Pferdeschwanz gebunden. In seiner bayerischen Heimat nahe Passau engagierte er sich bei der Katholischen Landjugendbewegung jahrelang gegen die Umweltzerstörungen beim Ausbau der Donau. Ein anderer Anlass für Protest war das benachbarte Atomkraftwerk Temelin in Tschechien. »Aber«, sagt Holzhammer, »man kann nicht immer nur dagegen sein.« So kam er zur Beschäftigung mit den Alternativen, den erneuerbaren Energien.

Und in jüngster Zeit hat er maßgeblich daran mitgearbeitet, dass ein neuer Mechanismus in das Erneuerbare-Energien-Gesetz aufgenommen wurde. Ab Anfang 2012 ist die Regelung wirksam. Sie sieht so aus: Betreiber von Biogasanlagen erhalten eine neue sogenannte Flexibilitätsprämie, die einige 10 000 Euro pro Jahr betragen kann. Die Förderung fließt, wenn Firmen zusätzliche Biogaskraftwerkskapazitäten errichten, die nicht permanent Strom produzieren, sondern nur im Bedarfsfall zugeschaltet werden. Damit wollen Bundesregierung und Parlament erreichen, dass die Herstellung von Elektrizität flexibler wird. Die Betreiber der Kraftwerke sollen sich daran gewöhnen, auf konkrete Situationen zu reagieren und ihre Produktion dem Bedarf anzupassen. Diese Flexibilitätsprämie macht das Energiesystem intelligenter, indem eine Möglichkeit mehr geschaffen wird, um Angebot und Nachfrage in Balance zu halten.

Waschen, wenn der Strom billig ist

»Kommt es heutzutage zu einem Stromausfall, erfahren die Energieversorger erst davon, wenn die Verbraucher sich beschweren.« So beschreibt Florian Schlögl den aktuellen Zustand des Stromnetzes. Allenfalls die Betreiber des Höchst- und Hochspannungsnetzes seien über Betrieb und Probleme ihrer Leitungen permanent im Bilde. Den kleineren Versorgern und Netzfirmen auf der Ebene der Mittel- und Niederspannung

»fehlen aber die Informationen, um die Stabilität der Netze auch in Zukunft zu gewährleisten«, sagt der Maschinenbauer Schlögl. Das will er ändern. Auch er arbeitet am IWES. Im Projekt »Regenerative Modellregion Harz«, das Wirtschafts- und Umweltministerium fördern, ist es seine Aufgabe, eine Leitwarte zu entwickeln, mit der man später das intelligente Stromnetz regeln kann. Vorerst steckt die Steuerzentrale nur in Schlögls Computer und in ein paar anderen Rechnern. Neben den beiden Monitoren auf dem Schreibtisch steht eine Kaffeetasse mit brauner Patina. Die Outdoorjacke hängt über dem Stuhl, daneben liegt der Trekkingrucksack. Ein paar mit Klebeband befestigte Comics am Aktenschrank bilden den einzigen Schmuck des Arbeitszimmers.

Die Modellregion umfasst den Landkreis Harz in Sachsen-Anhalt mit knapp 250000 Einwohnern. Tatsächlich von seinem Computer aus überwachen kann Schlögl bislang nur zwei Windparks und ein Blockheizkraftwerk in Halberstadt. Bald aber werden weitere Quellen hinzukommen: mehrere Biogasanlagen, ein Solarpark und eine Brennstoffzelle, die aus gespeichertem Wasserstoff Strom erzeugt. Parallel zur Leitwarte bietet ein Simulationssystem die Möglichkeit zu testen, wie das Netz reagiert, wenn Dutzende Blockheizkraftwerke in Privathäusern und Industriebetrieben zusätzlich Strom ins Netz einspeisen, wenn Wasserturbinen von Stauseen oder die Biogasanlage des örtlichen Klärwerks dazugeschaltet werden.

Die Computerprogramme, die Schlögl entwickelt, müssen all diesen Anforderungen gerecht werden. Technisch geht es beispielsweise darum, welche der unterschiedlichen Stromquellen man wie schnell hoch- und herunterfahren kann. Was bedeutet das für die anderen Kraftwerke? Bleiben Spannung und Netzfrequenz immer gewahrt, damit die Versorgung der Verbraucher klappt und sensible Apparate in Unternehmen und Labors keinen Schaden nehmen? Welche Rückschlüsse muss man ziehen aus Windstärke, Sonnenscheindauer und weiteren Wetterdaten, die für die kommenden Tage zur Verfügung stehen? Aber auch ökonomische Aspekte spielen eine Rolle: Welche Einspeisetarife tragen dazu bei, dass die Anlagenbetreiber auf ihre Kosten kommen und gleichzeitig die Strommenge im Netz ausreicht? Und wie könnten Kundentarife aussehen, die die Verbraucher animieren, die Haushaltsgeräte möglichst dann einzuschalten, wenn das Stromangebot hoch ist – und nicht, wenn elektrische Ebbe herrscht?

Ein Schritt dahin: Die Verbraucher erhalten künftig Signale von der Leitwarte, um ihren Energiekonsum an die jeweilige Situation anzupassen. Lastmanagement – das ist ebenfalls ein Aspekt des intelligenten Stromnetzes. Florian Schlögl zeigt ein schlichtes weißes Kästchen von der Größe eines Taschenbuches. Es heißt BEMI (Bidirektionales Energiemanagement Interface) und ist ein Computer, der bald die Verbindung zwischen Stromversorger und Privathaushalt herstellen könnte. In den Kellern der Wohnhäuser würden die schwarzen Zähler, die nur die Kilowattstunden berechnen, ergänzt durch Geräte wie das BEMI. Dies stellt den Kunden Informationen des Stromversorgers zur Verfügung: Wann ist das Stromangebot in der nächsten Zeit hoch, wieviel Cent kostet dann die Kilowattstunde im variablen Tarif? Umgekehrt können die Hausbesitzer dem Energiecomputer einprogrammieren, dass er in den kommenden zwölf Stunden die Waschmaschine und den Spülautomaten in Gang setzen soll. Das würde beispielsweise geschehen, wenn das Stromangebot am höchsten und der Preis am niedrigsten ist.

Intelligente Stromzähler á la BEMI können also helfen, Stromangebot und Nachfrage auszutarieren. Die Waschmaschinen laufen, wenn genug Sonnenstrom im Netz ist oder die Speicher die nötige Kraft liefern. Lastmanagement bei den Verbrauchern, Erzeugungsmanagement bei den Produzenten plus ein steuerbares, intelligentes Stromnetz sorgen dafür, dass der Strombedarf möglichst dann realisiert wird, wenn die erneuerbaren Energien ihn befriedigen können. Die fossilen Grundlastkraftwerke, die heute noch einfach rund um die Uhr laufen, könnten dadurch mit der Zeit überflüssig werden.

Autos als Stromspeicher

An solchen und anderen Innovationen arbeiten mittlerweile tausende Ingenieure. Ein wichtiges Feld ist dabei der Individualverkehr. In einigen Jahrzehnten, so die Vision, fahren die Autos auf deutschen Straßen im Wesentlichen ohne Benzin, stattdessen mit Strom. Bisher haben sich die deutschen Konzerne schwer getan mit der Entwicklung von elektrischen oder kombiniert elektrisch-konventionellen (Hybrid-)Motoren. Indem sie sich weiterhin auf die Optimierung des fossilen Antriebs konzentrierten, haben sie Unternehmen wie Toyota, Renault, Citroën und Mitsubishi die Führung bei der Elektrifizierung überlassen. Allmählich aber kommt mehr Bewegung in den Markt. Unter anderem Opel, Daimler und VW wollen ab 2012 Elektrofahrzeuge verkaufen.

Einen Umweltvorteil bieten die E-Autos allerdings nur dann, wenn sie mit regenerativem Strom und nicht mit Kohleenergie fahren. Für das Energiesystem der Zukunft hat der Aufbau einer E-Autoflotte aber eine zusätzliche Bedeutung: Überschüssige Energie lässt sich in den Batterien der Fahrzeuge und den Gasbehältern der Tankstellen speichern, wenn Wind- und Sonnenkraftwerke mehr Strom liefern als gerade verbraucht wird.

Energiespeicher sind auch in anderer Hinsicht Forschungsobjekte. So lässt der Bergbaukonzern Ruhrkohle AG prüfen, ob man alte Schächte zu Pumpspeicherwerken umrüsten könnte. Die Idee: Wasser stürzt in die Tiefe und treibt mehrere hundert Meter unter der Erde Turbinen an, die Strom liefern. Steht Elektrizität im Überfluss zur Verfügung, pumpt man das Wasser wieder an die Oberfläche, um es in Zeiten von Strommangel erneut in die Tiefe rauschen zu lassen. Auch Wasser kann also als Energiespeicher dazu beitragen, Angebot und Nachfrage im erneuerbaren Energiesystem auszubalancieren.

Das Spiel mit dem Feuer

Einer der wichtigen Ideengeber, die den Wandel seit Jahrzehnten vorausdenken und vorantreiben, ist Jürgen Schmid. Er leitet das Fraunhofer-Institut IWES in Kassel. Hinter ihm liegt ein ähnlicher Weg wie der von Enertrag-Gründer Jörg Müller. Schmid studierte Luft- und Raumfahrttechnik, arbeitete dann für die Atomindustrie, später in der Erforschung der Fusionsenergie. Um das Jahr 1980 herum beeinflusste ihn das frühe Buch *Haus und Sonnenkraft*, das Pierre Sabady geschrieben hatte. Gleichzeitig wuchsen Schmids Zweifel an der Möglichkeit einer sicheren Endlagerung des Atommülls. 1981 gehörte er deshalb zu den Mitgründern des Fraunhofer-Instituts für Solare Energiesysteme in Freiburg, dem ersten derartigen Institut in Europa.

Wenn man Schmid bittet, das zukünftige Energiesystem zu charakterisieren, hört er scheinbar unbewegt zu, um dann mit leiser Stimme ziemlich einfache, aber grundsätzliche Sätze zu sagen wie: »Die Welt wird immer elektrischer.« In Zukunft steige Strom zur wichtigsten Energieart auf und ersetze die anderen teilweise, nimmt der IWES-Chef an. Insgesamt werde dabei der Einsatz von Primärenergie trotz Wirtschaftswachstums auf vielleicht die Hälfte der heutigen Menge von rund 4000 Terrawattstunden (Billionen Wattstunden) sinken.

Das könnte so funktionieren: Erneuerbare Energien wie Wind, Sonne, Biomasse und Geothermie bilden das Rückgrat der Energieproduktion. Sie ersetzen die fossilen Großkraftwerke und ermöglichen schon damit eine enorme Einsparung. Schließlich geht künftig keine Energie mehr als Abwärme über die Kühltürme verloren – ein Verlust, der heute mit etwa einem Viertel der Primärenergie zu Buche schlägt. Zu dieser Einsparung kommt der Ausbau der Kraftwärmekopplung hinzu: Strom und Wärme werden künftig in kleinen und großen Blockheizkraftwerken gleichzeitig erzeugt. Auch dadurch sinkt der Primärenergieeinsatz – zumal für die Heizung von Gebäuden. Die benötigte Menge an Heizenergie nimmt ebenfalls ab, weil man Wohn- und Wirtschaftsgebäude zunehmend mit Wärmedämmung ausstattet. Außerdem wird ein Teil der Heizwärme aus Wind- und Sonnenstrom stammen: Anlagen wie Jörg Müllers Hybridkraftwerk in Dauerthal leisten dazu einen Beitrag – genau wie beim Verkehr, der bislang vornehmlich mit Erdöl läuft. Hier prognostiziert Schmid ebenfalls die Elektrifizierung. Die Autos der Zukunft rollen mit erneuerbarem Gas beispielsweise aus Wind-Wasserstoff-Anlagen und Brennstoffzellen oder werden direkt mit Ökostrom aufgetankt.

Insgesamt bringt Jürgen Schmid den anstehenden Strukturwandel auf diesen Punkt: »Am Anfang der Zivilisation haben die Menschen das Feuer gebändigt. Nun müssen wir das Feuer bannen.« Eine Utopie? Nein. Eher eine Zukunftsvision. Vieles ist bislang nur Idee und Konzept. Die Realisierung hängt ab von Technik, gesellschaftlicher Auseinandersetzung und Politik. Aber möglich ist sie.

3 Das ganz große Rad drehen – Windkraft und Effizienz als Hebel

Rrumms! Ein starker Schlag lässt die Wind Force I erzittern. Die Besucher an Deck des Schiffes gehen in die Knie und halten sich an der Reeling fest. Rrumms! Das Schiff rollt und bockt. Und noch mal: Rrumms! Erst dann hat der Katamaran sicher am Turm Alpha Ventus 12 festgemacht. Ein Techniker in rotgelbem Überlebensanzug wechselt auf den Mast und beginnt die 90 Meter Aufstieg bis zur Spitze der Windkraftanlage. Oben hängen die Rotoren für die Wartung still im Wind.

An diesem Tag ist die Nordsee hier, 45 Kilometer vor Borkum, nicht einmal rauh, sondern nur ein bisschen bewegt. »Die Wellen eineinhalb Meter, ich schätze knapp Windstärke fünf«, sagt Wilfried Hube vom Stromkonzern EWE. »Bei diesem Wind beginnen die Windkraftanlagen, mit voller Leistung Strom zu produzieren.« Bis Windstärke zehn und drei Meter Wellengang geht das gut. Bläst der Wind noch stärker, werden die Rotoren abgestellt, um Schäden zu vermeiden.

Das sind wichtige Erfahrungswerte für Unternehmen, die Offshore-Windkraftwerke in der Nordsee errichten wollen. Die Firmen EWE, E.ON und Vattenfall haben sie in den letzten zwei Jahren mit diesem ersten deutschen Offshore-Park Alpha Ventus gesammelt. Zwölf Windanlagen mit verschiedenen Konstruktionen und Getrieben hat das Konsortium in den Meeresboden gerammt, Windmühlen, die zusammen Strom für 50 000 Haushalte erzeugen. Aber das Wichtigste ist die Erfahrung, sagt Sven Utermöhlen, Geschäftsführer Deutschland von

E.ON Climate and Renewables, auch er mit Schwimmweste an Bord der Wind Force I: »Wir haben gelernt, dass wir eigene Schiffe brauchen, die erst gebaut werden mussten. Wir haben Erfahrungen gesammelt, welche Fundamente am besten passen und welche Getriebe am effektivsten sind.« Vor allem haben sie gelernt, dass Windkraftanlagen weit draußen hinter dem Horizont eine ganz andere Sache sind als Windmühlen an Land oder nah am Strand. Die Wege sind weit, das Wetter unberechenbar. Alpha Ventus ist keine Gegend, um in Ruhe ein industrielles Großprojekt aufzubauen.

Genau das ist aber der Plan. Denn hier draußen, außer Sicht der deutschen Badestrände und jenseits des »Nationalparks Deutsches Wattenmeer«, entsteht das »Rückgrat einer hundertprozentig erneuerbaren Stromversorgung«, wie es Jochen Flasbarth nennt, der Präsident des Umweltbundesamtes (UBA), der sich zur Besichtigung der nationalen Berühmtheit Alpha Ventus eingefunden hat. Der Wind von See soll bis 2050 ein Drittel des deutschen Strombedarfs decken, ohne das Klima zu gefährden oder die Landschaft zu verschandeln. Fast unbemerkt vom Rest des Landes entsteht an der Küste eine neue Industrie: Häfen und Kais werden ausgebaut, Werften bauen Spezialschiffe, Windkraftfirmen verlegen ihre Fertigung ans tiefe Wasser. Die Nordsee wird zur Baustelle der Energiewende.

Bauboom in der Nordsee

Die Zahlen sind gigantisch: Bis 2020, in nur acht Jahren, sollen vor deutschen Küsten laut Planung der Bundesregierung 10 000 Megawatt an Windleistung stehen. Bisher sind es 200. Dafür müssen »jährlich bis zu 1 500 Megawatt zugebaut werden«, heißt es vom Bundesverband Windenergie, dem Lobbyverband der Windmüller, »das entspricht einer neuen Windturbine pro Tag während der sommerlichen Bausaison auf See«. Aber eine solche Anlage zu errichten ist etwas anderes als Bojen auszusetzen: Die Windspargel sind so hoch wie der Kölner Dom, sie stehen in 30 Meter tiefem Wasser, wiegen pro Anlage 1000 Tonnen und müssen millimetergenau montiert und regelmäßig gewartet werden.

Wie groß das Rad ist, das die deutschen Windmüller drehen, stellt sich jetzt heraus: Bis 2050 sollen in Nord- und Ostsee mit 45000 Megawatt knapp 10000 Windanlagen stehen. Gab es in den Anfangsjahren der Solarförderung das »100000-Dächer-Programm«, erwartet die hohe See nun das »10000-Löcher-Programm«. Für 7000 Anlagen laufen bereits die Genehmigungsverfahren.

Auf hoher See entscheidet sich, ob die Energiewende Realität wird oder absäuft. Und wie viel die deutschen Stromkonzerne künftig in ihrer Heimat noch zu sagen haben. Denn an Land weht ihnen der Wind ins Gesicht: Die satten Gewinne aus abgeschriebenen Atomkraftwerken sind mit dem Atomausstieg Vergangenheit; ihre Kohlekraftwerke geraten durch den Emissionshandel der EU immer weiter in wirtschaftliche Bedrängnis; und dezentrale Solaranlagen, Biomassekraftwerke oder Windparks an Land waren und sind den Global Players mit ihren Kapital- und Technikstrukturen einfach zu kleinteilig.

Da bleibt nur offshore. Deshalb haben E.ON und Vattenfall den Ärger um Alpha Ventus in Kauf genommen: die Verzögerungen, die Budgetüberschreitungen, die Erkenntnis, dass man Windkraft auf See ganz neu und anders planen muss als an Land. Die Großen haben sich ihre Claims gesichert: EnBW baut insgesamt vier Windparks in Nord- und Ostsee, Vattenfall hat sich einen Park gesichert, E.ON treibt vier Windfelder voran und RWE zwei. Bei diesen gigantischen Projekten können die Riesen noch einmal ihre Vorteile ausspielen, die ihnen in der Vergangenheit eine beherrschende Stellung gesichert haben: zentrale Planung, die ökonomische und politische Macht eines großen Konzerns sowie eine günstige Finanzierung über den Kreditrahmen der Muttergesellschaft.

Und trotzdem: Die vier Giganten sind von wachsenden Zwergen umzingelt. In der Nordsee bauen kleinere Anbieter gleichrangig und auf gleicher Nabenhöhe ihre Windparks. Von den 27 genehmigten Projekten werden nur elf von den Großen betrieben. Bei den anderen herrscht eine bunte Mischung: Stadtwerke schließen sich zusammen, ausländische Energiekonzerne wie die dänische DONG sind mit im Boot, ebenso italienische Banken wie die Unicredit. Auch die deutschen Autobauer wie Volkswagen suchen nach grünem Strom, und so unterschiedliche Investoren wie Baukonzerne, Finanzinvestoren und Windanlagenbauer steigen ein. »Es gibt eine große Bandbreite und die Struktur der Offshore-Industrie ist noch nicht klar«, sagt Thorsten Falk von der Stiftung Offshore-Windenergie.

Den Boom vor der Küste gibt es, weil die Finanzen neu geregelt wurden. Mit Peanuts hat die Finanzierung von Windkraft inzwischen nichts mehr zu tun. Allein in den nächsten 20 Jahren braucht der Ausbau der Windenergie auf See 75 Milliarden Euro an Investitionen. Rechnet man die Kosten von derzeit etwa 15 Millionen Euro pro Fünf-Megawatt-Anlage hoch, sollen bis 2050 insgesamt 135 Milliarden Euro ins Meer vor Deutschland fließen. Dafür haben die Firmen bei Alpha Ventus kräftig Lehrgeld gezahlt. Der Versuchspark war mit 250 Millionen Euro (geplant waren 190) besonders teuer, sagt E.ON-Manager Utermöhlen: »Wir verdienen mit dem Projekt weniger, als wir für die Finanzierung des Projekts bezahlen.« Alle hatten die Schwierigkeiten unterschätzt – auch der grüne Umweltminister Jürgen Trittin, der 2000 die Devise ausgab, bis 2030 würden 25 000 Megawatt Leistung im Watt stehen. »Die technischen Probleme waren viel größer als gedacht«, sagt Falk. »Wir haben gelernt, dass Wind offshore etwas ganz anderes ist als Wind onshore.« Spezialschiffe mussten bestellt und gebaut werden, die rauhe See lässt nur enge Zeitrahmen für die Montage zu, die Windgondeln mit ihrer Hightech müssen völlig dicht gegen Meersalz sein. Und die Logistik einer Großbaustelle 45 Kilometer vor der Küste ist enorm kompliziert.

Inzwischen stimmt die Kohle für den Wind: Die Einspeisevergütung wurde angehoben und der Zeitrahmen verbessert. Konzessionen auf Baugrundstücke können nicht mehr auf Vorrat gehortet werden, wie es vor allem die Stromkonzerne oft getan haben: Wer nicht baut, dem wird die Erlaubnis widerrufen. Die bundeseigene Bank KfW springt mit einem Fünf-Milliarden-Euro-Topf ein, wenn die letzten Kredite für ein Offshore-Projekt fehlen – zu marktüblichen Konditionen, wie alle betonen. Die Anlagen bringen eine Rendite auf das eingesetzte Eigenkapital von sieben bis zwölf Prozent, hat die Unternehmensberatung KPMG errechnet. »Ich wundere mich manchmal, dass die Firmen dieses Risiko eingehen, wenn sie bei Windanlagen an Land bis zu 15 Prozent Rendite machen«, sagt Falk. Aber dafür ist hier noch richtig was zu holen – und es ist der strategische Zwang dabeizusein, wenn die Musik spielt. Denn die Ausweitung der Windzone liegt im internationalen Trend: Vor der Themseküste Englands entsteht der größte Windpark der Welt, andere Länder wie Dänemark setzen schon seit Jahrzehnten auf die Energie vom Meer. Der Weltmarkt wächst und China ist auch hier vorn: Bis 2020 sollen dort 200 000 Megawatt stehen, das Land ist mittlerweile der größte Hersteller von Windanlagen und Zubehör. Offshore in Deutschland kommt zwar spät, dafür aber gewaltig. Insgesamt setzt die deutsche Windindustrie nach eigenen Angaben 6,4 Milliarden Euro um, 75 Prozent der Produktion geht ins Ausland. Allein der Offshore-Boom soll den deutschen Werften nach einem KPMG-Gutachten bis 2020 rund 18 Milliarden Euro Umsatz bringen und 6000 Arbeitsplätze sichern.

Zum Beispiel auf Helgoland. Mit dem Arm beschreibt Peter Singer einen Halbkreis. Es gibt hier am Strand nichts zu sehen als Wasser und blauen Himmel: »Diesen Standortvorteil müssen wir nutzen«, sagt Singer. Er ist Geschäftsführer der Hafengesellschaft. Sein Ziel: Deutschlands einzige Hochseeinsel zum Wartungszentrum für Windparks in der Nordsee zu machen: »Das ist die Zukunftschance.« Für rund 25 Millionen Euro plant Singer die Sanierung des Vorhafens im Süden der roten Felseninsel, der seit dem Abzug der Marine brachliegt. 30000 Quadratmeter Hafenbecken, Kaianlagen und Landflächen will Singer bis Sommer 2012 an die Investoren RWE, E.ON und Wind-MW übergeben. Die wollen drei große Windparks westlich und nordöstlich von Helgoland ins Meer stellen. Jeweils 80 Anlagen sollen die bereits vom Bundesamt für Seeschifffahrt und Hydrographie (BSH) in Hamburg genehmigten Projekte umfassen, noch einmal die gleiche Anzahl wäre möglich.

Der Vorteil der Insel: Die Windräder liegen praktisch vor der Haustür. Starten die Wartungsschiffe von hier, sparen sie mindestens drei Fahrstunden gegenüber den Häfen am Festland. »Wir sitzen hier mittendrin«, sagt Singer. »Kurze Wege sind bares Geld.« Das sollen die 100 bis 120 neuen Arbeitsplätze bringen, die die Windparkbetreiber versprechen, und das wäre gut für die Kaufkraft, den Fortbestand der Inselschule und das Vereinsleben. Derzeit plant die Gemeinde der 1500 Helgoländer auch ein neues Wohngebiet. Zwei- bis dreigeschossige Häuser, wie sie auf Helgoland typisch sind, könnten beim Leuchtturm am Dorfrand entstehen, insgesamt etwa 80 Wohnungen. Die Gemeinde hofft auf Familien mit Kindern und nicht so sehr auf 100 einsame Männer auf Montage. »Mit den Marinesoldaten hat es ja früher auch keine Probleme gegeben«, heißt es. Und keine Angst, ein Bordell sei nicht geplant.

Warum ein grüner Energieexperte skeptisch ist

Die Hightechanlagen auf See haben eine rapide Evolution hinter sich: In den 20 Jahren Offshore-Erfahrung sei die Leistung der Turbinen »um das Zehnfache gewachsen, die Leistung eines Windparks um das Hundertfache«, sagt Henrik Stiesdal, ein Windpionier der ersten Stunde, der jetzt Chief Technology Officer bei Siemens Windpower ist. Auch technisch seien die Rotoren inzwischen sehr ausgereift: Sie ernten drei Viertel der theoretisch verfügbaren maximalen Energie aus dem Wind, weit mehr als etwa Photovoltaik, wo die Wirkungsgrade bei etwa 20 Prozent liegen.

Beim Umbau der Meere zu gigantischen Kraftwerken kommen allerdings manche Bewohner unter die Windräder. Zwar sind die Vogelzugrouten in den Windparkplanungen berücksichtigt und Ornithologen geben größtenteils Entwarnung. Doch vor allem die Schweinswale, bis zu zwei Meter große Meeressäuger, haben von dem Lärm der Baustellen offenbar ihre seltsam platte Schnauze voll. Sie verschwinden ähnlich wie Seehunde aus Gebieten, in denen Windanlagen gebaut werden. Denn die Verankerung jeder Windmühle wird mit 3000 Hammerschlägen in den Meeresboden getrieben, der Schall wird im Wasser weit und laut übertragen und stört die sensiblen Ohren der Säuger ganz empfindlich. Das Umweltbundesamt mahnt deshalb, ein besserer Schallschutz sei »dringend erforderlich«, damit die Meeresbewohner nicht den Preis für die Energiewende zahlen.

Wirkliche Gegner des Offshore-Ausbaus findet man aber kaum. Am ehesten füllt diese ökologische Nische noch – ein grüner Energieexperte. Hans-Josef Fell, energiepolitischer Sprecher der grünen Fraktion im Bundestag, plädiert für die Offshore-Technik – aber eher in anderen Ländern. »Wir brauchen Offshore-Anlagen in Deutschland für die Versorgung mancher Küstenstädte und vor allem, um die Technik zu entwickeln«, sagt Fell. »Aber die Energie können wir billiger und einfacher an Land erzeugen. Der Widerstand der Menschen vor Ort ist seit Fukushima geschwunden. Und wenn man die Bevölkerung über Bürgerwindparks an den Einnahmen beteiligt, sind alle begeistert.« Nur zwei Prozent der Fläche in jeder Kommune, so rechnet Fell, reichten für den nötigen Windstrom aus. Der Vorteil für ihn: Ohne offshore schwindet die Macht der Stromkartelle noch schneller, die dezentrale Energieversorgung rückt näher.

Die Realität sieht jedoch anders aus. Das große Vorzeigeprojekt von europäischer und deutscher Politik und Wirtschaft heißt »Desertec« – und hier soll geklotzt, nicht gekleckert werden: Riesige Solaranlagen sollen in Nordafrika Sonnenstrom ernten und damit neben den Herkunftsländern auch Europa versorgen: Bis 2050, so die Planung, die unter anderem auf eine Idee des »Club of Rome« zurückgeht, könnten 15 Prozent des europäischen Stroms aus der Sahara kommen. Die Idee folgt der Logik der großskaligen Energieversorger: Erneuerbare Energie zentral dort zu ernten, wo die Erträge am höchsten sind, und dann über weite Strecken zu den abhängigen Verbrauchern zu schicken.

»Desertec« hat sich aus einer kühnen Version zumindest in das erste Stadium der Realität vorgearbeitet: 2009 wurde eine

Stiftung gegründet, die Partner aus der Wirtschaft anwarb: Unter Führung des Versicherungskonzerns Munich Re finden sich Großunternehmen wie Deutsche Bank, RWE, E.ON und Siemens zusammen, um diese Idee voranzutreiben. Für die nächsten 15 Jahre rechnen sie mit einem Investitionsbedarf von 400 Milliarden Euro, um den Sonnenstrom aus der Wüste nach Europa zu holen und mit ihm gleichzeitig die Länder Nordafrikas und des Mittelmeeres zu elektrifizieren.

Und es gibt bereits weitergehende Ideen, um einen europaweiten Verbund von erneuerbaren Energien aufzubauen, bei dem »Desertec« nur der südliche Arm wäre. Demnach lieferten neben den Solarkraftwerken in Nordafrika noch andere Ökoenergien ins europäische Netz: Wasserkraft aus Skandinavien, Offshore-Windanlagen von den nordeuropäischen Küsten und Biomassekraftwerke aus dem Osten des Kontinents.

Große Lösungen für große Probleme vertritt auch für Deutschland Stephan Kohler. Der Chef der halbstaatlichen Deutschen Energieagentur (dena) argumentiert, Offshore-Windparks und tausende von Kilometern neuer Stromtrassen durchs Land seien nötig, um das Industrieland Deutschland weiter unter Strom zu halten. »Schauen Sie sich Schleswig-Holstein an«, sagt Kohler. »Wenn der Wind an der Küste weht, stehen nach den Ausbauplanungen des Landes 12000 Megawatt Strom zur Verfügung. Die Verbrauchsspitze des Landes liegt aber bei nur 2000 Megawatt. Wohin mit dem Strom?« Er müsse in den Süden und Westen der Republik transportiert werden, wo die meisten Menschen leben und die Industrien sind, die den Strom brauchen. Die dena hat zusammengezählt, was die Bundesländer an erneuerbaren Energien planen. Das Resultat: 68000 Megawatt, fast so viel, wie ganz Deutschland an einem Wintertag an Strom benötigt. »Wenn Sie das als

Windparks in die Landschaft stellen wollen, bekommen Sie massiven Widerstand der Bevölkerung.«

Dena-Chef Kohler ist bei vielen Umweltschützern umstritten. Sie werfen ihm vor, zu sehr in zentralen Strukturen zu denken, zu nah an der Kohlelobby der SPD zu argumentieren oder zu laut die teure Förderung des Solarstroms zu kritisieren. Kohler sagt aber auch: »Der Begriff Energiewende wird völlig falsch verstanden.« Er sitzt in seinem Büro in der Berliner Chausseestraße und zeigt auf das Bücherregal. Da steht sie, die *Energiewende*, der Klassiker des Öko-Instituts von 1980. »Da habe ich damals dran mitgearbeitet«, sagt Kohler. »Energiewende heißt für viele, auch für die Regierung, wir schalten Atom- und Kohlekraftwerke ab und stellen dafür Wind- und Solaranlagen hin. Das ist Unsinn. Das kann nicht funktionieren.« Für Kohler ist klar: »Wir müssen mit dem Energieverbrauch auf die Hälfte runter. Und das ist mit Effizienz auch gut machbar.«

»Energieverbrauch halbieren, davon redet niemand«

In Hohen Neuendorf ist noch viel mehr machbar. Jedenfalls in der nagelneuen Grundschule Niederheide. Der helle Bau am Waldrand aus Glas, Holz und Beton ist die erste »Plusenergie-Schule« in Deutschland: Das Gebäude soll mehr Energie erzeugen als verbrauchen, wenn die Holzpelletsheizung erst mal läuft. Das Vorzeigeprojekt in der 25 000-Seelen-Gemeinde nördlich von Berlin wurde im Sommer 2011 eröffnet und mit einer knappen Million Euro gefördert, um neue Maßstäbe zu setzen: Dreifachverglasung der Fenster, Photovoltaik auf dem Dach, LEDs in vielen Lampen, fest installierte Rollos gegen die

Sonneneinstrahlung. Eine Schülerin läuft über den Flur, über ihr gehen die Lampen an: Licht per Bewegungsmelder, außerdem Fenster, die sich im Sommer nachts für die Kühlung öffnen. »Low tech« und »low cost« war die Devise, sagt Michael Ohleck vom Bauamt der Stadt. »Das energetische Problem einer Schule ist nicht die Heizung, sondern die Kühlung im Sommer.« Das Gebäude ist deshalb nicht nach Süden ausgerichtet und dennoch hell.

Auch wirtschaftlich macht das Energiesparen Schule – ohne Förderung bräuchte das allerdings Jahrzehnte. Am meisten Geld spart die Kommune allerdings bei der Reinigung. »Wir sind eine Hausschuh-Schule«, sagt Ohleck: Der meiste Dreck bleibt draußen, die Putzkosten sind dementsprechend niedrig. Auch die Kostenkontrolle ist wichtig und erfolgreich: »Zu Beginn war unsere Stromrechnung viel zu hoch. Wir haben schnell gesehen, dass eine Lüftungsanlage falsch eingestellt war und haben das behoben. Andere Schulen hätten sich gewundert und einfach die hohe Rechnung gezahlt.«

Hohen Neuendorf ist nicht so einsam, wie man es bei einem Besuch im grünen Speckgürtel der Hauptstadt denken könnte. Überall in Deutschland erstrahlen Leuchtturmprojekte für effiziente Technik: energieeffiziente Gebäude oder Plusenergiehäuser. In Freiburg stehen nicht nur die Solarsiedlung mit »Plusenergie«-Eigenheimen und die Vauban-Siedlung, in der ehemalige Kasernen zu Ökowohnungen umgepolt wurden, sondern auch im Stadtteil Weingarten das erste 16-stöckige Hochhaus, das auf Passivstandard heruntergedimmt wurde und 80 Prozent weniger Energie als vorher verbraucht.

Aber auch weit weg von der Ökohauptstadt Freiburg wird kräftig an der Energiewende in »Energiewänden« gearbeitet: Magdeburg will bis 2020 seinen Ausstoß von Kohlendioxid um zwei Drittel senken; in Köln entsteht eine Mustersiedlung für

Plusenergiegebäude; in Herten in NRW wird mit einem Nullenergiehaus experimentiert, das als Gewerbeimmobilie dienen soll.

Es werden immer mehr Tropfen auf den immer heißeren Stein. Architekten planen Nullenergiehäuser, die Bundesregierung hat den Wettbewerb »Energieeffiziente Städte« ausgelobt. Und das mit gutem Grund: Denn neben der Windkraft ist das Energiesparen in Gebäuden der zweite Pfeiler, auf dem die Energiewende ruht. Sollen gigantische Pläne zum Neubau von Windkraftanlagen und dezentraler Solarenergie das grüne Angebot liefern, so müssen nach den Plänen der Bundesregierung Wohnhäuser und Bürotürme auf Energiediät eine neue – nämlich geringere – Nachfrage liefern. Bis 2050 soll das Land ein Viertel weniger Strom und nur noch halb soviel Primärenergie schlucken wie heute. Die Energieplanung der Bundesregierung bedeutet: ehrgeizig beim Wind. Und geizig beim Energieverbrauch.

Riesige Potenziale, große Widerstände

Bisher sind Häuser enorme Energieschlucker. 40 Prozent des deutschen Energieverbrauchs fällt in Gebäuden an. In den Häusern wiederum wird nach Aussagen des Fraunhofer-Instituts [2] die meiste Energie verheizt: »Bis zu 85 Prozent gehen für warmes Wasser und angenehm temperierte Räume drauf.« Das bedeutet: Die Playstation und der Staubsauger können noch so effizient werden – wenn die Heizung und das Duschwasser nicht anders erwärmt werden, ändert sich kaum was in der Energiebilanz. Vor allem vom Sparpotenzial der Büro- und Industriegebäude schwärmt Uwe Grossmann, bei Siemens zuständig für »efficient buildings«. »Hier kann man bis zu 40 Prozent der Energie sparen und somit die Investitionen in fünf bis acht Jahren amortisieren.« Wohnhäuser dagegen haben längere Amortisierungszeiten (bis zu 20 Jahre, schätzen Experten), weil die meiste Energie für Wärme verbraucht wird. Auf dem »Effizienzmarkt« würden jährlich über eine Milliarde Euro umgesetzt, sagt Grossmann, ein wesentlicher Teil für »Energiespar-Contracting«: Wer wie Behörden kein Geld für Investitionen in Sparmaßnahmen hat, lässt sich das finanzieren und teilt sich die gesparten Energiekosten mit dem Investor.

Um den Gebäuden ein ordentliches Winterfell zu verpassen, gibt es inzwischen viele Ansätze. Wer ein Haus neu baut, ist zum Energiesparen verpflichtet: Bis 2020 müssen EU-weit Neubauten »klimaneutral« sein, bei öffentlichen Gebäuden gilt das schon 2018. Das klingt gut, geht aber am Problem vorbei. »Deutschland ist gebaut«, sagt dena-Chef Kohler. Laut dem *Gebäude-Report 2007* des Bundesbauministeriums wurden 75 Prozent der Wohnhäuser, Schulen, Firmengebäude und Konzertsäle in deutschen Landen vor 1979 errichtet, als noch niemand ans Energiesparen dachte.[3] »Mit einer umfassenden Sanierung lässt sich der Energieverbrauch dieser Altbauten um bis zu 80 Prozent senken«, sagt Klaus Sedlbauer, Vorsitzender der Fraunhofer-Allianz Bau, zu der sich 19 Fraunhofer-Institute zusammengeschlossen haben. Und dena-Chef Kohler legt einen bunten Bildband auf den Tisch: *Energieeffizienz trifft Architektur*. Das Buch zeigt gelungene Beispiele von effizientem Bauen. Kohlers Lieblingsobjekt: Das 300 Jahre alte Fachwerkhaus von Familie Gruber in Eichstetten, das nach Sanierung eine Primärenergieeinsparung von 82,7 Prozent aufweist!

Es sind schöne Bilder, aber die Realität ist deutlich grauer. Denn mit dem Energiesparen geht es nicht so schnell voran wie nötig. Der »schlafende Riese« Energieeffizienz schnarcht weiter. Tatsächlich sind die Potenziale enorm: Ernsthaftes Sparen beim

Strom könnte die Leistung von zehn Atomkraftwerken überflüssig machen und effizientere Wärmenutzung neun große Kohlemeiler ersetzen, hat eine Studie des Wuppertal-Instituts ergeben.[4] Gerechnet haben die Wissenschaftler das für die Deutsche Unternehmensinitiative Energieeffizienz (Deneff), einen Lobbyverband der Effizienzindustrie. Die Deneff verdient Geld, wenn andere Geld sparen. Staatliche Investitionen von sieben Milliarden Euro könnten nach dieser Rechnung jährlich knapp 20 Milliarden an Energiekosten sparen und bis 2020 eine halbe Million neue Arbeitsplätze schaffen.

So ist das immer beim Thema Effizienz: Die Zahlen klingen unglaublich gut. Ganz häufig stellen sich »win-win-Optionen«: Wer investiert, senkt Kosten und spart Energie. Das gilt nicht nur für den Häuslebauer – auch staatliche Investitionen spülen nach dena-Berechnungen deutlich mehr Geld in die Kassen von Gemeinden, Ländern und Bund, als ursprünglich aufgebracht werden muss.

Und trotzdem hakt es. Das liegt zum einen an einem Phänomen, das Wissenschaftler den »Rebound-Effekt« nennen: Bis zu einem Drittel der Effizienzgewinne werden dadurch kompensiert, dass mehr konsumiert wird: Computer verbrauchen weniger Strom – und laufen dafür länger. Das frisst Erfolge wieder auf: So hat die EU eigentlich beschlossen, Energie solle bis 2020 um 20 Prozent effizienter eingesetzt werden – und bereits erklärt, dieses Ziel werde man höchstens zur Hälfte erreichen, wenn nicht noch ein Wunder geschehe. Und das liegt zum anderen am Powerplay zwischen Lobbys und Politik. Um ihre Klimaziele durchzusetzen, muss die Bundesregierung erreichen, dass jedes Jahr zwei Prozent der alten Häuser saniert werden. Bisher sind es 0,8 Prozent. Als Bundesumweltminister Norbert Röttgen 2010 in sein Energiekonzept schreiben ließ, dass Hausbesitzer bei der Sanierung ihrer Immobilie zur energetischen Sanierung verpflichtet seien, musste er den Passus schnell wieder kassieren: Der Wirtschaftsflügel der Union und die Lobby der Grundbesitzer waren ihm aufs Dach gestiegen.

Wie man als Politiker ins Schwitzen kommen kann, wenn man es ernst meint mit der Energiewende, das hat Egon Vaupel am eigenen Leib erfahren. Der SPD-Oberbürgermeister von Marburg hat mit seiner rot-grünen Koalition eine »Solarsatzung« für seine Stadt beschlossen. Auf einer Sitzung der Stadtverordnetenversammlung im Oktober 2010 debattierte der Umweltausschuss abschließend die »Satzung zur solaren Baupflicht«, mit der Hausbesitzer verpflichtet werden, bei einem Umbau ihres Hauses eine Solaranlage für Warmwasser zu installieren. Die Debatte zeigt, was passiert, wenn in Deutschland Klimaschutz Realität wird. Und wie schwierig es ist, etwas durchzusetzen, was eigentlich alle gut finden.

Auf dem Flur vor dem Sitzungssaal hängen die Auszeichnungen, mit denen sich Marburg als Solarburg profiliert: Deutscher Solarpreis 2008, Preisträger kommunaler Klimaschutz 2009, Aufstieg in der »Solarbundesliga« 2009, Bundessieger Luftqualität 2006. Drinnen im Saal geht alles sehr korrekt und bürokratisch zu. Vaupel redet mit Engelszungen auf die Opposition ein: »Niemand muss eine Solaranlage aufs Dach bauen, wenn sie nicht wirtschaftlich ist«, es gibt hohe Subventionen und niedrige Bußgelder, soziale Härteklauseln und Ausnahmeregeln, man kann auf andere erneuerbare Energien ausweichen. Vaupel sagt: »Das ist eine Satzung, um den Wert der Häuser zu steigern. Warum sprechen Sie von Zwangssatzung? Wenn Sie ein Haus bauen, müssen Sie Stellplätze für Autos schaffen, aber das nennt niemand Zwangssatzung!« Die Opposition kümmert das nicht. »Rechtswidrig« und »reine Ideologie« sagen CDU und FDP. »Ökodiktatur« sagt der Vertreter der Bürgerliste Marburg. Mit diesem Schlagwort wird Marburg berühmt. Und Vaupel ein halbes Jahr später wiedergewählt. Seine Wählerinnen und Wähler haben offenbar wenig Angst vor einer angeblichen Öko-Diktator und fühlen sich von Solaranlagen nicht bedroht.

Der Konsument als Weltretter?

»Der Mensch ist kein homo oeconomicus«, seufzt Stephan Kohler. »Auch wenn Effizienz wirtschaftlich ist, ist sie kein Selbstläufer.« Neben einem staatlichen Effizienztopf von fünf Milliarden Euro jährlich von 2012 bis 2014 (bisher sind pro Jahr allerdings nur 1,5 Milliarden vorgesehen) plädiert er für eine politische Strategie zur Effizienz: »Wir haben das Thema Energie auf die zwei Löcher in der Wand reduziert, die die Steckdose ausmacht«, sagt der konfliktfreudige Prediger für eine Energieaskese. Er wünscht sich mehr Aufklärung bei den Hausbesitzern, eine bessere Ausbildung der Handwerker bei Energiespardiensten und »Unternehmen, die Effizienz in den Mittelpunkt stellen«.

Die gab es einmal. Die Strategie hieß »Negawatt statt Megawatt« und setzte darauf, dass Energieunternehmen aus dem Stromsparen ein Geschäft machen konnten: Die Unternehmen finanzierten Sparprogramme, installierten effiziente Techniken und klärten die Verbraucher auf. Für den geringeren Umsatz durften sie sich mit höheren Preisen schadlos halten. Anfang der neunziger Jahre waren manche Stadtwerke wie etwa in Hannover, aber auch Branchenriesen wie RWE auf diesem Pfad. Felix Matthes, Energieexperte beim Öko-Institut in Berlin, hat damals die Stadtwerke Hannover beraten und sagt: »Es hat nicht funktioniert, weil mit der Liberalisierung der Strommärkte die Möglichkeit zu Preiserhöhungen wegfiel.« Außerdem hätten die Energiekonzerne sich als zu schwerfällig erwiesen und das Geschäftsmodell nicht wirklich angenommen: Wer Jahrzehnte auf höheren Absatz von Elektrizität gepolt war, der verkauft nicht plötzlich die Dienstleistung »Stromsparen«.

Matthes widerspricht Kohler: Energieeffizienz sei keine Sache der Aufklärung, »das Gerede von der Souveränität des Konsumenten führt in die Irre«. Für ihn ist »die dena Teil des Problems, nicht Teil der Lösung«. Es gehe nicht darum, die Menschen zu ändern, sondern andere Anreize zu setzen: »Wir haben kein Informationsproblem, sondern ein ökonomisches Problem.« Für Matthes liegt die Zukunft in der Idee der »weißen Zertifikate«, die ähnlich wie die Verschmutzungslizenzen beim Emissionshandel den Markt entscheiden lassen, wo investiert wird. Nach dieser Idee, die auch das Deneff-Gutachten von 2011 fordert, müssten etwa Energieerzeuger oder Hersteller von Kühlschränken Zertifikate für bestimmte Effizienzfortschritte oder Sparmaßnahmen beim Kunden nachweisen. Wer schneller ist, kann diese zu Geld machen, wer langsamer ist, der muss zukaufen. »Das ist die Art und Weise, wie man im 21. Jahrhundert die Energieeffizienz voranbringen sollte, die bisher zwar jeder im Mund führt, wo aber nicht viel passiert«, sagt Matthes.

Das sieht die Bundesregierung ähnlich. In ihrem »Energiekonzept für eine umweltschonende, zuverlässige und bezahlbare Energieversorgung« von 2010[5] hat sie ein Pilotprojekt für »weiße Zertifikate« angekündigt. Denn bisher raufen sich die Beamten im – eigentlich nicht zuständigen – Bundesumweltministerium die Haare, wenn das Thema Effizienz aufs Tapet kommt. Das Wirtschaftsministerium, wo die Federführung liegt, treibt das Thema nicht wirklich voran, sondern setzt in seinen »Eckpunkten Energieeffizienz« vor allem auf »Vernunft und Eigenverantwortung von Wirtschaft und Bürgern«, will

»Anreize setzen, aber keine Zwangssanierungen anordnen«. Energieeffizienz sei eben auch »einfach politisch nicht darstellbar«, jammern die Fachleute aus dem Umweltministerium. Anders als bei Solaranlagen, die so schön in der Sonne glitzern, können Minister und Staatssekretäre hier keine Kraftwerke eröffnen, und »Sparen« gilt in einer wachstumsfixierten Gesellschaft und Wirtschaft zudem als Verliererthema. In ihrer Not bringen die Öko-Ministeriellen jetzt ab und zu schon den Begriff »Effizienzkraftwerke« in die Beratungen ein.

Der Spagat zwischen Mehr und Weniger

Rückweg vom Besuch bei Alpha Ventus, die Wind Force I schlingert und stampft durch die Wellen. An Steuerbord ziehen die Sandbänke vorbei, auf denen sich Dutzende von Seehunden drängeln. Noch ist hier im Nationalpark für sie alles in Ordnung – aber wenn der Bauboom vor der Küste richtig losgeht, könnten ihnen bei ihren Tauchzügen die Ohren dröhnen. Am Himmel jagt eine Regenwand heran und hüllt das Achterdeck in Dunkelheit. Der Gestank aus den brüllenden Dieselmotoren hüllt die Besucher ein, der Lärm macht das Reden fast unmöglich. Aber ohne den Dreck an Deck gibt es keine Besichtigungstour zu den grünen Windspargeln.

Eine Reise in den Alltag von Offshore-Wind und Effizienz zeigt: Die deutsche Energiewende beruht auf zwei Prinzipien, die sich eigentlich gegenseitig ausschließen. Einerseits die kapitalintensive Offshore- und Onshore-Windkraft, die im industriellen Maßstab Strom erzeugt und verteilt, die kräftig wächst und der Idee vom ungebremsten, aber grünen Wachstum die Energie liefert. Der Grünstrom kommt dann auch von den großen Energieversorgern. Und andererseits die Notwendigkeit, gerade mit dieser Angebotsorientierung Schluss zu machen und auf die Nachfrageseite zu setzen: Die Effizienz so weit zu treiben, dass nicht nur die einzelnen Produkte und Prozesse mit immer weniger Ressourcen und Energie hergestellt werden – sondern auch den gesamten Verbrauch an Ressourcen drastisch zu verringern. Dafür braucht man dann E.ON und Co. eigentlich kaum noch.

Bisher funktioniert der Ansatz gut, der viel Geld und Macht zu einer neuen Industrie zusammenbringt: der Offshore-Wind. Und die Idee von Häusern, die sich in Energiespardosen verwandeln, ist bislang nur eine schöne Zukunftsvision.

Die Schizophrenie der Wende besteht in diesem Dilemma: Kann die deutsche Gesellschaft zu einer Gemeinschaft von Energiegeizkrägen werden – und gleichzeitig in den erneuerbaren Energien der Größe, dem Wachstum, dem Ertrag huldigen? Ja, sagen manche Experten, wie der grüne Hans-Josef Fell: Erneuerbare Energie werde es bald im Überfluss geben. Dahin müssen wir kommen, wenn wir eines der führenden Industrieländer bleiben wollen. Wir brauchen grünen Strom, grüne Energie ohne Ende und müssen gleichzeitig die Effizienz so steigern, wie es schon seit Jahrzehnten etwa die Experten vom Wuppertal Institut vorrechnen: Gleicher Wohlstand mit nur noch einem Viertel oder gar nur einem Zehntel des Verbrauchs an Ressourcen.

Werden wir es schaffen, in einer Generation alle Gebäude in Deutschland einmal richtig zu sanieren, die Wände zu dämmen, die Dächer zu dichten und die Fenster auszutauschen, um aus Energiefressern grüne Kraftwerke zu machen? Vielleicht, sagen Tobias Schleicher und Peter Hennicke vom Wuppertal Institut in einem Aufsatz über die ökonomischen Folgen des »Weiter so«: »Technisch ist die Effizienzrevolution möglich.« Ob Wirtschaftswachstum, Rebound und Komfortansprüche im Zaum gehalten werden könnten, entscheide sich an einer »Kultur der Selbstgenügsamkeit und einer gerechteren Verteilung wachsender Lebensqualität«.[6]

Aber wie soll eine solche Kultur aussehen, die uns bis 2050 praktisch völlig von Kohle, Öl und Gas entwöhnen muss, wie es die Klimaziele erfordern? Vor allem, sagt der Schweizer Wissenschaftsjournalist Marcel Hänggi in seinem Buch *Ausgepowert*, müsse sich unser Umgang mit Energie ändern, und wir müssten die Vorteile von weniger Energieverschwendung sehen: »Wenn wir nur über CO_2-Bilanzen sprechen, dann verpassen wir es, über wirkliche Alternativen zu sprechen. Eine solche Alternative könnte eine gerechtere Gesellschaft sein, in der die Starken weniger Macht hätten und die Schwachen weniger marginalisiert würden; eine Gesellschaft, in der die Menschen weniger konsumieren, aber mehr Raum und Zeit für sich haben; eine Gesellschaft mit teureren Lebensmitteln, aber weniger Hunger; eine freiere Gesellschaft.«

4 Die neuen Energieunternehmer – von Maseratis und Elektroautos

Frank Asbeck war ein ehrenwerter Kreistags-Fraktionsvorsitzender der Grünen. Heute ist er Schlossbesitzer und Maseratifahrer. »Werden wir nach der Energiewende alle im Schloss wohnen, Herr Asbeck?«

Asbeck sitzt auf einem Sofa in der Besprechungsecke seines doch sehr geräumigen Büros in der Firmenzentrale von Solarworld in Bonn. Das Gebäude ist ein ehemaliges Wasserwerk im Stadtteil Plittersdorf. Asbeck, Gründer und Vorstandsvorsitzender, arbeitet im obersten Stock mit Blick auf die Rheinwiesen und den Petersberg. Er lächelt milde. Einer von der *taz*! Was soll man da anderes erwarten?

»Was soll ich gegen Ihre Projektionen und Ihre tradierte Grundauffassung machen?«, sagt er. »Wir sind doch alle soziologisch geprägt von dem, was wir erlebt haben.« Es handele sich bei seinem Wohnsitz im übrigen um eine neugotische Villa namens Villa Cahn, von jenem jüdischen Bankier gebaut, der das Hypothekenwesen im Rheinland eingeführt und damit das Unternehmertum ermöglicht habe. Das Anwesen war im Verfall, als er es kaufte. Er habe es seither fast 15 lange Jahre mit den eigenen Händen und Fachhilfe renoviert, »zum Leidwesen meiner Frau und Familie«. Den Umbau des Firmensitzes habe er auch persönlich gestaltet, er mache die Dinge einfach gerne selbst. Er sei ein guter Elektriker, aber ein schlechter Sanitärinstallateur. »Wie war Ihre Frage?«

Wie wir nach vollzogener Energiewende leben werden.

»Es wird Menschen geben, die in größeren Häusern leben, und Menschen in kleineren Häusern«, sagt Asbeck freundlich. »Energiewende hat nichts mit Sozialismus zu tun, um da den Redakteur der *taz* nicht zu euphorisch werden zu lassen. Und auch nichts mit Ökodiktatur. Aber insgesamt müssen wir als Gesellschaft zu einem sinnvollen Footprint kommen.« Dazu gehört für ihn zwingend Energieeffizienz. Sein Schloss hat er nach modernsten energetischen Standards renoviert.

Asbeck wird meist als barocker Typ beschrieben, was zum einen an seinem nicht unbeträchtlichen Kampfgewicht liegen dürfte, zum anderen an einer speziellen Art Janker mit folkloristischem Touch, den er zu tragen pflegt. Er glaubt nicht an das Gute im Menschen, aber daran, dass sich die Idee durchsetzt, Energie erneuerbar zu produzieren, weil fossile zu Ende geht und dazu noch den Planeten aufheizt. Er sagt, er sei »alles andere als ein grimmiger Prediger des Verzichts«. Es steht häufig geschrieben, dass er Legastheniker sei. Er dementiert es zumindest nicht – und ist ziemlich belesen.

Außerdem gilt er als leutselig und umgänglich. Aber nicht immer. »Sagen Sie mir nicht, was Sie wollen, das interessiert mich nicht«, hatte er zur Begrüßung gesagt. »Fangen Sie einfach an, dann ist das für mich spannender.«

1998 gründete er Solarworld, 1999 ging er an die Börse. Heute hat das Solartechnologieunternehmen über 3300 Beschäftigte und zwei Produktionsstandorte in führenden Industrieländern, einen in Deutschland, einen in den USA. Der Umsatz wuchs bis 2010 regelmäßig und kräftig, der Aktienkurs ebenso, nahm aber ab 2008 die gegenläufige Richtung. Definitorisch betrachtet ist Solarworld mit seinen abhängigen Tochtergesellschaften auch ein Energiekonzern; so wie E.ON, RWE, EnBW und Vattenfall. Sieht er sich als Konzernchef?

»Konzerne sind für mich Dax-Unternehmen. Wir sind ein börsennotiertes Unternehmen, ich habe 28 Prozent. Insofern bin ich der Ankeraktionär und gleichzeitig der Vorstandsvorsitzende, doch das ist eine Funktion auf Zeit. Aber wir sind nicht größer als zwei Achsenwerke von Daimler, insofern sind wir ein mittelgroßer Mittelständler.«

Ein paar Zahlen zur Einordnung: Daimler ist Deutschlands zweitgrößter Konzern hinter Volkswagen. Nummer drei ist die Allianz, dann kommt E.ON, Europas größter Energiekonzern. Solarworld hatte 2010 einen Umsatz von 1,3 Milliarden Euro. E.ON hatte im gleichen Zeitraum 92,8 Milliarden, die deutsche Nummer zwei, RWE, kam auf 53 Milliarden.

Asbeck erwähnt in diesem Zusammenhang, dass das Magazin *Wirtschaftswoche* eine Hitliste der »Unternehmenslenker der Energiewende« aufgestellt habe. 1. Peter Löscher (Siemens), 2. Franz Fehrenbach (Bosch), 3. Norbert Reithofer (BMW). Das sind für ihn die Gesichter der Energiewende, »zumindest im Bereich der interessierten Industriegesellschaft«. Auf Rang vier kommt dann Frank Asbeck. Er ist auf Augenhöhe, ein Global Player. Und in einem Schulbuch ist er auch: NRW, neunte Klasse. Eine ganze Seite über Solarenergie, Solarworld, Asbeck. »Da dachte ich, jetzt hast du es eigentlich geschafft.«

»Der Chinese wird überschätzt«

Asbeck kann sehr entspannt über den Teil von Politik und Wirtschaft sprechen, der die beschlossene Energiewende noch verhindern will oder zumindest hinauszögern. Sogar, wenn mal wieder die Solarförderung so gedeckelt werden soll, dass es letztlich eine Zerstörung der Branche bedeuten würde. »Ist doch klar, dass da jetzt PR-Kapazitäten bei den Energieversorgern freigeworden sind, als man den Atomrückwärtssalto aufgegeben hat.« Es seien immer die gleichen Veröffentlichungen, immer unter Bezug auf die einschlägig bekannte Studie des Rheinisch-Westfälischen Instituts für Wirtschaftsforschung[7], immer die gleichen vier Abgeordneten, die das protegierten. »Bei Wilhelm Busch heißt es: ›Wovon er besonders schwärmt, wenn es wieder aufgewärmt‹«, sagt Asbeck. »Das ist die Angst, dass durch die Dezentralisierung Monopole und Oligopole geknackt werden.«

2011 hat Solarworld wegen des Preisverfalls der Produkte zum ersten Mal einen rückläufigen Jahresumsatz verbucht, hat ein Quartal mit Verlust abgeschlossen und ist danach an der Börse abgestürzt (Asbeck macht einen kleinen Scherz darüber). Derweil andere deutsche Photovoltaikunternehmen zugemacht wurden – und die Chinesen den Welt- oder sogar den deutschen Markt zu übernehmen drohten. »Die Chinesen« sind ja in der westlichen Welt – neben allem anderen – auch eine große Projektionsfläche. Der Chinese dies, der Chinese das.«

Asbeck aber sagt lapidar: »Der Chinese an sich ist überschätzt.«

Ach ja?

Zum einen seien sie »zigtausend Kilometer von unseren Märkten entfernt«, was zu hohen Logistikkosten führe. Zum anderen: »Der Vorteil des Chinesen ist ein Lohnkosten- und Energiekostenvorteil, der aber auch nur ein Lohnkostenvorteil ist, wenn ich gering bezahlte Bergleute in schlecht ausgestattete Bergwerke schicke, um dort fossile Energien abzubauen und dann in Kraftwerken zu verbrennen, um dann mit menschlichem Schweiß subventionierte Energie zu haben, die dann wieder von schlecht bezahlten Wanderarbeitern ohne soziale Absicherung in Produkte veredelt wird, die wir dann im Westen kaufen, und dann die Devisen wieder dazu verwandt werden, auch noch den Absatz dieser Produkte zu subventionieren.« Kurzum: »Das ist nicht der richtige Weg.«

In den USA, wo er einen großen Produktionsstandort hat, klagte er 2011 gegen »chinesisches Dumping« sowie die Verletzung von Sozial- und Umweltstandards in der Produktion von Solarmodulen und -zellen in China, die dieses Dumping in Verbindung mit staatlicher Unterstützung ermögliche. Das verzerrt aus seiner Sicht den natürlichen Prozess der Marktbereinigung.

Er sagt: Ja, es kämen nun »zwei, drei harte Jahre«, am Ende würden ein paar Starke übrigbleiben und auch für Deutschland genug Platz am Weltmarkt, aber dafür brauche es die Verlässlichkeit der Politik. Dann werde Solarstrom 2017 ohne Förderung funktionieren. Er skizziert die »Roadmap« der Photovoltaikbranche, nach der die Sonnenenergie bis 2020 auf 52 bis 70 Gigawatt und zwölf Prozent am Bruttostromverbrauch ausgebaut werden soll.[8] Aber 2040 soll sie dann nach seiner persönlichen Roadmap »allmählich bestimmend« werden, wie er in seinem Buch *Eine solare Welt* schreibt.

Dass auch in Deutschland die Leute Kaufentscheidungen stark am Preis orientieren und die etwaige Ausbeutung der chinesischen Berg- und Wanderarbeiter dafür in Kauf nehmen, macht es für Asbeck nicht einfacher. »Aber wenn man die Pfeiler, auf denen man künftig stehen will, wieder absägt und die Förderung nur dort für sinnvoll erachtet, wo es wieder große Strukturen geben wird und damit nur Big-Boys-Business – nämlich bei der Offshore-Windproduktion –, und Wind an Land und dezentrale Photovoltaik nicht massiv fördert, dann wird man die Energiewende nicht schaffen«, sagt er.

Was könnte da der Masterplan sein? »Ich glaube, dass der Traum noch nicht ganz ausgeträumt ist, doch noch mal AKW-Laufzeiten verlängern zu können.« Außerdem: »Die Persistenz des Existenten ist natürlich ziemlich groß.« Heißt? »Klar ist es gemütlich, Strom zu verteilen aus Großkraftwerken. Die Energiewende ist sicher anstrengender als die Fortschreibung dessen, was man so tradiert gemacht hat.«

Die Zukunft ist »Eigenstrom«

Asbeck sieht als Solarunternehmer selbstverständlich die dezentrale Energiewende kommen. Das folgt zum einen seiner Überzeugung, dass eine Begrenzung des Klimawandels und die Erhaltung der Lebensqualität der Gesellschaften nur durch vollständige Abkehr von fossiler Energie, von der Industriegesellschaft alten Typs und der zentralistischen Strukturen ihrer Oligopole erreicht werden können.

Zum anderen sieht er das Geschäftsmodell der Konzerne untergehen. Strom liefern und dann irgendwann einmal im Monat eine Rechnung schreiben, das könne künftig auch Google oder Facebook. Man müsse näher an die Kunden ran. »Wenn das Geschäft nicht durch eine Menge Dienstleistungen ergänzt wird, durch eine Verquickung von Energieproduktion und Konsumption, dann ist man verloren. Das wird eine ganz neue Welt.« Überall gebe es Anzeichen: Die Rekommunalisierungsversuche hier, die sanfte Bewegung der Konzerne dort. Statt oligopolistischer Strukturen sieht er intelligente Systeme, mit denen die Leute ihren Strom selbst machen. Diese Systeme liefert er. Um das klarer zu machen, hat er für die Kommunikation das Wort »Eigenstrom« geprägt. Eigenstrom wie Eigentum. Man kriegt ihn nicht, man macht ihn: »Das ist der qualitative Sprung.« Damit will er auch Deutungshoheit darüber, dass die Energiewende nicht zu teurem Strom führt, sondern langfristig vielmehr zu bezahlbarem.

Den demokratischen Fortschritt durch selbst produzierten Strom sieht er vor allem auch jenseits der Industriegesellschaften. Etwa in Afrika, wo er mit Unterbrechungen vier Jahre gelebt hat. Von da nahm er mit: Zentrale Versorgung gibt es nicht oder sie funktioniert auf dem Land nicht, Energieversorgung mit Dieselaggregat ist absurd teuer, die Zukunft ist: Photovoltaik auf jede Hütte. Erstens für die Stromversorgung, zweitens als Geschäftsgrundlage. Er zeigt auf ein großes Foto, das am anderen Ende seines Büros an der Wand hängt und eine Frau in Afrika zeigt. »Da hinten sehen Sie ein Solarpanel.« Ja, sieht man. Früher habe die Frau in ihrer Hütte zur Energieerzeugung Kerosin verbrannt, das ihre Kinder einatmeten. Jetzt nicht mehr. »Und wissen Sie, wovon die Frau lebt? Sie ist Marktfrau und hat jetzt ein zusätzliches Einkommen, indem sie die Handys der Nachbarn lädt. Handys funktionieren überall in Afrika, aber Stromversorgung nicht.« Was ihn zu seinem Punkt bringt: »Durch die dezentrale Energiewende gibt es eine Unmenge von neuen Unternehmern.«

Frank Asbeck ist Jahrgang 1959. Er trat mit 15 in die Jugendorganisation der DKP ein. Gleichzeitig las er Rachel Carsons *Stummer Frühling* und den Bericht des Club of Rome. Also die Wegbereiter und Klassiker der aufkommenden Umweltbewegung. Er war dann bei der Gründung der NRW-Grünen dabei und hat – und damit sind wir beim Kern seiner Persönlichkeit – die politische Laufbahn aufgegeben, weil er sich in den Gremien der Grünen langweilte, weil ihm zu viel geredet wurde und zu wenig passierte. Jedenfalls kämpfte er mehr mit dem Schlaf als dem politischen Gegner.

Heinz Asbeck, der Vater von Frank, gründete 1955 eine eigene Werkzeugmacherei, produzierte Baggerketten und ging als »Kettenpapst« in die Geschichte ein. Weshalb Frank Asbeck zu Hause in Hagen mit Businessplänen aufwuchs. Weil der Vater aber auch viel unterwegs war, verbrachte der Sohn viel Zeit mit dem Gärtner der Familie, der ein herzlicher Kommunist war, weshalb Asbecks Herz »bis heute immer noch links schlägt«, wie er in seinem Buch schreibt. Daher komme sein »Sinn für Gerechtigkeit« und ein »Hang zur Weltverbesserung«, glaubt er.

Doch das alles mit Unternehmertum zu verbinden, können oder wagen die wenigsten, die ein bestimmtes politisches Milieu dieser Zeit geprägt hat. Es ist nämlich – und vielleicht stärker, als es dieses Milieu wahrhaben will – von der gehobenen Festangestelltenkultur geprägt. Kneipen oder Solarunternehmen machen demnach nur Leute auf, die es nicht in ein Büro mit Schreibtisch schaffen und damit nicht regelmäßig jeden Monat Geld dafür überwiesen bekommen. Scheitern sie, dann fühlen sich die Festangestellten bestätigt. Dann wird der Neid in Moral umdefiniert und der Maserati in eine Verfehlung. Für Asbeck ist ein Geschäft dann ein gutes Geschäft, wenn es ein Problem löst und es nachher allen besser geht: den Kunden mit ihrem Eigenstrom, dem Planeten durch weniger Kohlendioxid und ihm mit seinem Maserati.

Frank Asbeck hat das Aufwachsen als Unternehmersohn geprägt. Zum Beispiel: Um sein Studium zu finanzieren, pachtete er eine Streuobstwiese. Da muss man erst mal draufkommen. Er verkaufte aber nicht das Obst, sondern das Holz. Das brachte mehr.

Wie kriegt man Unternehmertum vermittelt? »Man muss Eigenverantwortung mitbekommen haben und eine sehr eingeschränkte Angst vor dem Versagen«, sagt Asbeck. Warum? »Weil Unternehmertum ja in der Regel nicht klappt. Es gibt wenige Firmen, die überleben. Und es ist alles einer Metamorphose unterworfen. Das ist die kreative Kraft des Zerstörerischen. Da muss man die Angst verlieren, mit einem Geschäftsmodell zu scheitern, und bereit sein, einen neuen Impuls zu setzen.« Angst sei der Gegenpol von unternehmerischem Mut.

Wie hat man die Angst nicht? »Wenn man es schon mitgemacht hat. Ich erinnere mich an Konjunkturkrisen, in denen ich als Kind bewusst mitgekriegt habe, dass es in der Firma nicht gut lief.« Ist seine Schlussfolgerung demnach, dass wir zur Umsetzung der Energiewende alle unsere Angst verlieren und Unternehmer werden müssen? »Nein, aber man muss sein Leben selbst in die Hand nehmen. Man darf nicht nur zur Selbstverwirklichung malen, sondern das Gemälde soll dann schon auch verkauft werden können. Für mich ist auch ein Künstler ein Unternehmer, wenn er den Anspruch hat, von seiner Kunst zu leben.«

»Shine, Baby, shine«

Für eine ökologische Transformation der Gesellschaft braucht es Unternehmer; alte Unternehmer, neue Unternehmer. Doch gerade in den scheinbar aufbruchbereiten Milieus werden Unternehmer häufig noch unter »böse« einsortiert. Asbeck glaubt, dass das Feindbild vom Unternehmer mit Zigarre nicht mehr existiert, das sei doch aus den Fünfzigern. Er sieht an sich herunter: »Obwohl, vom Gewicht her würde ich das Klischee erfüllen, die waren ja so leicht übergewichtig. Aber von solchen Klischees muss man sich lösen.« Macht man aber nicht. Wenn man jemanden fragt, was ihm zu Asbeck einfällt, ist das erste oft: Maserati. Oder: Befördert die Energiewende, fährt *aber* Maserati. Das scheint den Leuten nicht stimmig zu sein, dass ein Erneuerbare-Energien-Unternehmer Maserati fährt. Das kennt er selbstverständlich und dafür hat er einen schönen Satz parat: »Die Widersprüchlichkeit des Menschen führt zu solchen Synthesen.« Konkret? »Wenn man sich zeitlebens gewünscht hat, einen Maserati zu fahren, finde ich es richtig, dass man sich diesen Traum erfüllt.« Aber, zugegeben, das habe »etwas sehr Fossiles«. Wenn er in Bonn ins Konzert geht, dann parkt er den Maserati auch mal gern nahe des Eingangs im Parkverbot. Da kann man ihn nicht übersehen …

Auf flächendeckendes »Gutmenschentum«, sagt er, könne man lange warten. Es brauche Angebote, gemacht von einer »visionären Industriepolitik«. Facebook sei auch nicht von der Bevölkerung gefordert worden. Oder habe irgendjemand nach Laptops gefragt? Man müsse das Angebot machen. Wenn Autos künftig mit Strom fahren, bietet man den Leuten einen Solarcarport an, ist ja naheliegend. Oder: Die Mieten werden steigen, weil die »zweite Miete«, also Wasser, Strom, Wärme teurer wird. Angebot: Stelle auf dem Balkon unter deine Geranien zwei Solarpanels und produziere ein Drittel deines Stromes selbst. Oder: Zieh nur in ein Haus, in dem der Hausstrom auf dem Dach gemacht wird. »Die zweite Miete wird massiv auf die Menschen zukommen«, sagt Asbeck, »und deshalb werden wir schon bald schauen: Ist das Haus ordentlich gedämmt, hat es Solarstrom?«

Grundsätzlich glaubt er, dass »ein wesentlicher Teil unserer Bildungsbürger, aber auch Unternehmenslenker in der Industrie erkannt hat, dass nur das nachhaltige ein zukunftsorientiertes Wirtschaften ist«. Er kenne die deutsche Industrie, die Durchdringung sei da. Aufgeklärte Unternehmer werden die Energiewende entscheidend voranbringen können – aber auch nur dann, wenn die Bevölkerung es mittrage.

Und wenn die Quartalsabrechnung kommt? »Ne, ne, die haben das jetzt drin.«

Asbeck hat Humor, ist in Maßen selbstironisch, kann Lenin-Zitate und feinsinnige Anspielungen genauso wie rustikale. Etwa, wenn er sagt, dass er als Westfale einst Anhänger von Borussia Dortmund war: »Aber nach meinem Einmarsch ins Rheinland bin ich zum 1. FC Köln-Fan konvertiert.« Er hat ein Gespür dafür, dass man die Geschichte der Nachhaltigkeit anders erzählen muss, wenn man breit Leute erreichen oder Module verkaufen will.

Da waren zum Beispiel ein paar junge Ingenieure aus dem Vertrieb bei ihm und sagten en passant, unten in der Halle stehe übrigens ein Ami, ein gewisser Larry Hagman, der sei wohl mal Schauspieler gewesen. Sie kannten ihn jedenfalls nicht. »Larry Hagman? J.R. Ewing?« Asbeck war sofort elektrisiert und rannte runter. Daraus entwickelten sich Werbespots, in denen der Hauptdarsteller der Achtziger-Jahre-Fernsehserie »Dallas« für Asbecks Solarmodule wirbt. Was ein echter Scoop ist, denn J.R. (sprich: Tsche-Ar) war ein texanischer Ölmagnat, der für Geld alles kaputtmachte, was ihm in den Weg kam. Und Larry Hagman ist der Besitzer einer sich energetisch komplett selbst versorgenden Farm bei Los Angeles, die gepflastert ist mit Solarmodulen und damit ein authentischer und glaubwürdiger Werbeträger.

Da steht J.R. nun also vor einem mit Solarmodulen bedeckten Haus, das Telefon klingelt und Cliff Barnes ist dran, sein alter Rivale. »Ah, Cliff Barnes, wie geht's?«, sagt J.R., »bohrst Du immer noch nach Öl?« Offenbar ja, denn nachdem er aufgelegt hat, zischt er: »Idiot!« War sein Motto früher »Drill, Baby, drill«, so heißt es heute mit Blick auf die Sonne: »Shine, Baby, shine.«

Hagman, sagt Asbeck, werde dafür in Solarmodulen bezahlt, die er für ein Hilfsprojekt in Haiti brauche. Auch in einer Neuverfilmung von »Dallas« spielt Hagman den weise gewordenen Großvater J.R., der längst in der Solarindustrie ist, während die Erben immer noch im Ölgeschäft hocken. Ist das Skript dafür etwa auch von Asbeck? »Das hab' ich nicht geschrieben, das hat das Leben geschrieben«, sagt er.

Unsere Verantwortung für Kinder und Enkel

Auf die Frage, ob er eigentlich noch Grünenmitglied sei, geht er zum Schreibtisch und nestelt in einer Schublade. Dann kommt er mit seinem Parteibuch zurück. Ja, ist er. Mit dem langjährigen FDP-Vorsitzenden Guido Westerwelle kann er allerdings auch gut. Können die Grünen in zehn Jahren die Regierung in Deutschland anführen? »Schauen Sie Baden-Württemberg an«, sagt er, »das kann sehr schnell gehen.« Er sieht den ersten grünen Ministerpräsidenten Winfried Kretschmann als Grünenpolitiker, der »weit über die Grünen hinaus« gesellschaftlich akzeptiert werde. »Aber wenn Ihre Frage darauf hinauszielt, ob ich Wirtschaftsminister Deutschlands werden will: Nein. Nein.«

Die Frage zielte zwar nicht darauf hin, aber was plant er stattdessen? »Ich möchte Photovoltaik so brutal billig, aber kostendeckend in der Produktion machen, dass es auch in Ländern der dritten Welt eine richtige Alternative zu fossilen Brennstoffen ist – und das möglichst schnell.«

Hat er wirklich keine Zweifel, dass die Energiewende kommt? »Wir befinden uns ...« Er seufzt. »Das muss man sehen, ob wir erst noch einen Schritt zurück machen, aber ich bin 100 Prozent überzeugt, dass sie kommt. Die Frage ist nur, ob sie hart für uns kommt oder – für uns als Staat oder Industrienationen – als belebender, die Industrie anstachelnder Prozess. Aber wir haben auch keine Alternative.«

Haben wir schon: Wir können einfach nichts tun – außer Öl und Kohle vollends zu verbrennen. Da schaut er irritiert. Dann steht er auf, wandert durch sein geräumiges Chefzimmer zu einer Wand, an der neben seinen Jagdtrophäen eine Kinderzeichnung hängt. Thema: Sonne und Module. Ist von seiner Tochter, als sie sechs war. Ein anderes Kunstwerk wurde von seinem Sohn gebastelt. Es zeigt, dass die Welt vor 400 Millionen Jahren im Karbonzeitalter ihre Reserven an Kohle, Erdöl und Erdgas eingelagert hat. »Und wenn in weniger als 100 Jahren die letzte Kohle verbrannt sein wird, haben wir, naja, etwa 400 Jahre gebraucht, um das mal eben abzufackeln. Das ist doch mal ein Feuerchen, was wir da gemacht haben.«

Er kommt zurück zur Sitzecke. »Also, wir beide werden es nicht erleben, dass die Welt an einer CO_2-Katastrophe verstirbt. Aber meine Kinder haben eine Lebenserwartung von über 90, das sind noch gute 75 Jahre. Und die Enkel erlebe ich auch noch, das sind dann weitere 25 Jahre. Meine direkte genetische Ausstrahlung sind 100 Jahre. Und für die habe ich mindestens die Verantwortung, weil die die Veränderungen massiv spüren werden.«

Wo wir grade schon so emphatisch werden: Warum, lieber Herr Asbeck, sieht selbst mancher Hardcorelinke nicht die monumentale Gerechtigkeitschance der erneuerbaren Energien? »Tja«, sagt er, »warum fährt Frank Asbeck Maserati? Der Mensch ist widersprüchlich.« Womit er zweifellos recht hat – und was einen schnell zu einer dramatischen Schlussfolgerung bringt: Die Energiewende muss nicht nur auch von Maseratifahrern gemacht werden dürfen. Es ist viel schlimmer: Ohne Maseratifahrer keine Energiewende!

Faszination Windräder

An einem Tag im Jahr 1995 las der Student Matthias Willenbacher in der Mainzer *Allgemeinen Zeitung* über vier Leute, die in der Eifel ein Windrad gebaut hatten. Willenbacher wollte zu der Zeit eigentlich Lehrer für Mathematik und Sport werden. Als Bauernsohn stand er auf dem Feld und schuftete, wenn die anderen Kinder Ferien hatten. Das fand er blöd und wollte deshalb einen Job, bei dem man möglichst wenig machen musste und viel Ferien hatte. Da schien ihm der Lehrerberuf passend. Nun aber lag er mit kaputtem Knie im Krankenhaus, sah in der Zeitung das Foto mit dem Windrad und war in der gleichen Sekunde fasziniert, dass man mit einem Rad und drei Flügeln Strom für viele hundert Haushalte produzieren konnte. Da stand auch noch, dass sich das rechnen würde – durch das Stromeinspeisegesetz der damaligen CDU/FDP-Regierung unter Helmut Kohl. Er dachte: Sowas stell' ich bei meinen Eltern auf dem Bauernhof auch hin.

Willenbacher lächelt und macht eine kleine Kunstpause. Er hat Routine beim Erzählen seiner Geschichte. »Dieser eine Moment hat eine unglaubliche Faszination bei mir ausgelöst, die bis heute anhält«, sagt er dann. »Ich habe seither nicht mehr aufgehört, an dieses eine Thema zu denken.« Er besorgte sich eine Million Mark und genau ein Jahr später stand – gegen den Widerstand von Vater Hans – zuhause auf dem Acker eine Windkraftanlage, die mit dem einen Rad genug Strom erzeugte, dass es nicht nur für den rheinland-pfälzischen 60-Einwohner-Weiler Schneebergerhof reichte, sondern auch noch für das Nachbardorf.

Im selben Jahr, 1996, gründete er mit dem Agrarökonomen Fred Jung ein Zweimannbüro, um das nächste Windrad hinzustellen. Der Name: juwi, ju wie Jung, wi wie Willenbacher. Daraus wurde ein Projektentwicklungsunternehmen, das heute 1 800 Mitarbeiter beschäftigt. juwi baut keine Windräder, juwi plant Anlagen. Und zwar längst nicht mehr nur Windkraftanlagen, sondern Solarparks, Biogasanlagen, das ganze erneuerbare Portfolio. »Ich habe vor zehn Jahren gesagt, dass Solarenergie in Deutschland sehr bedeutend wird, als andere aus dem Bereich Windkraft gesagt haben, das wird nicht funktionieren«, meint Willenbacher. Seine eigene Photovoltaikanlage baute er sich eigenhändig aufs Dach, noch bevor die rot-grüne Regierung mit dem Erneuerbare-Energien-Gesetz die Vergütung von Solarstrom einführte.

Seit 2008 steht der Firmensitz in Wörrstadt, südwestlich der rheinland-pfälzischen Landeshauptstadt Mainz und 25 Minuten mit dem Regionalexpress entfernt. Wörrstadt ist Heimat des ersten deutschen Frauenfußballmeisters (1974), sonst kaum je auffällig geworden. Kulturell eher konservativ, politisch wie ganz Rheinhessen zur SPD neigend, knapp 8 000 Einwohner, zwei Weinlagen und ein paar Weingasthöfe. Und eine Art Innenstadt, durch die zumindest an diesem Tag ein rauher Wind weht. Vom Bahnhof aus sieht man aus dem Städtchen den Kirchturm herausragen, umrahmt von jeder Menge Windräder.

Es war ganz einfach: juwi kam nach Wörrstadt, weil Wörrstadt juwi haben wollte – im Gegensatz zu Mainz. Auf die Frage, ob juwi Wörrstadt im Sack habe, antwortet Willenbacher: »So würde ich das nicht sagen.« Sondern? »Die Gemeinde ist uns sehr wohlgesonnen.« Die Verbandsgemeinde Wörrstadt umfasst 29 000 Einwohner und hat sich auf Initiative des hauptamtlichen Bürgermeisters Markus Conrad gerade selbst ein Windrad gekauft. Für rund fünf Millionen Euro. Damit will man mehr Energie produzieren (etwa 6,3 Millionen Kilowattstunden pro Jahr) als die Ortsgemeinden und die Verbandsgemeinde mit ihren Eigenbetrieben verbrauchen (fünf Millionen) und außerdem Geld verdienen. Insgesamt verbrauchen alle Menschen und Unternehmen der Verbandsgemeinde 85 Millionen Kilowattstunden Strom pro Jahr. Rund 90 Prozent werden vor Ort produziert, vor allem durch den Windpark hinter der juwi-Zentrale, aber auch mit Photovoltaikanlagen. »Die 100 Prozent schaffen wir nächstes Jahr locker. Ursprünglich wollten wir dieses Ziel 2017 erreichen«, sagt Bürgermeister Conrad.

Er hat richtig gebaggert, um juwi nach Wörrstadt zu holen. Conrad ist CDU-Politiker, gehört zu Julia Klöckners Landesvorstand. Auf den ersten Blick und als Oberleutnant der Reserve ist er kein klassischer Pionier der Energiewende. Aber dann ist er eben auch Jahrgang 1973 und zählt sich stärker zur »schwarz-grünen Richtung«, wie er sagt. »Wir haben in den letzten Jahren einfach gemerkt, wie wichtig das mit den erneuerbaren Energien ist.« Die Rekommunalisierung der Stromnetze beschäftigt ihn längst auch. Er ist überzeugt, dass »der ländliche Raum der Stromlieferant für die Städte wird«. Und juwi ist jetzt mit über 1,1 Milliarden Euro Jahresumsatz und 1300 Mitarbeitern vor Ort sein wichtigster Arbeitgeber und Gewerbesteuerzahler.

Willenbacher wohnt nicht in Wörrstadt, sondern in Mainz, allerdings nicht in einem Schloss wie Asbeck. Wenn man mit ihm über erneuerbare Energien spricht, dann sprudelt es aus ihm heraus. Wenn man mit ihm über sein hedonistisches Moment sprechen will, fällt ihm nicht viel ein. Naja, er gehe öfter essen und müsse auf der Karte nicht darauf achten, was es kostet. Er habe für manche Dinge Leute, die das für ihn erledigten. Das ist für ihn nicht Luxus, sondern »gut und notwendig, weil ich dann mehr Zeit habe, mich auf meine Arbeit zu konzentrieren«. Im übrigen habe er in den ersten Jahren selbst das Büro geputzt, weil er dachte, es sei dekadent, eine Putzfrau zu haben. Urlaub? »Mache ich nicht«, sagt er. Es ist also sehr anders gekommen, als er das damals als Lehramtsstudent geplant hat. Wofür verdient er dann sein Geld? Er steckt alles wieder in die Firma.

Der Firmensitz am Stadtrand von Wörrstadt ist ein wirklich beeindruckend moderner Holzbau-Gebäudekomplex; nach juwi-Angaben der energieeffizienteste der Welt. Gerade wird ein drittes Gebäude fertiggestellt, um die ganzen neuen Leute unterzubringen. Im Moment stehen überall Bürocontainer, die das Mitarbeiterwachstum des Unternehmens ausweisen – seit Anfang 2009 hat sich die Mitarbeiterzahl vervierfacht. Sogar die Betriebskindertagesstätte hatte einen Containeranbau, als sie auf 70 Plätze erweitert wurde.

Die Plusenergiezentrale hat er gebaut, weil bei den Bürgerversammlungen im Zuge von Projektplanungen für Windkraftanlagen immer Leute gekommen seien und gesagt hätten: »Sparen Sie doch erst mal Energie. Das ist doch viel günstiger als erneuerbare Energie.« Grundsätzlich nicht falsch, aber auch ein altbekanntes strategisches Argument im Portfolio der Monopolbewahrer. »Und das wird dann nachgeplappert von Menschen, die selbst keine Ahnung vom Energiesparen haben.« Die nicht wissen oder wissen wollen, wie immens das Energiesparpotenzial von Gebäuden tatsächlich ist und wie wichtig, dass man den Gebäudebestand möglichst schnell dämmt. Das nervte ihn irgendwann so, dass er sagte: »Denen zeigen wir jetzt mal, wie man Energie sparen kann.« Und wenn jetzt jemand bei einer Versammlung aufsteht und sein Sprüchlein sagt, dann lädt ihn Willenbacher nach Wörrstadt ein, damit er sieht, wie das tatsächlich gemacht wird.

Die juwi-Zentrale ist auch sonst auf der Höhe. Da ist nicht nur der angeschlossene Kinderhort. Da ist der Fußballplatz, eine Top-Kantine mit Kaffee für 25 Cent. Es riecht sogar angenehm, vermutlich durch das Holzambiente. Die Büros sind klein, dafür hat es auffällig viele Besprechungsräume, in denen die jeweiligen Projektteams tagen. In einem davon hat sich Willenbacher zum Gespräch eingefunden.

Selbstverständlich produziert der Firmensitz mehr Strom, als er verbraucht. Unter den Solarcarports stehen die Firmenwagen, darunter eine ganze Reihe Elektroautos und darunter wieder drei Teslas. Das sind die kalifornischen Sportwagen, mit denen man in den USA die Energiewende chic und hollywoodtauglich gemacht hat. Auch Willenbacher steht auf seinen Tesla. Anders als Asbecks Maserati ist E-Mobilität für ihn aber nichts, was er sich vom verdienten Geld leistet, sondern etwas, das für ihn zwingend zur »Firmenphilosophie« gehört. Und beim Tesla überzeugte ihn zudem die Medientauglichkeit. Während viele Medien die Geschichte der Energiewende über Photovoltaikmodule noch nicht zu erzählen wissen, kamen beim Tesla alle angerannt und berichteten.

Kann man mit einem Elektrosportwagen auch Frauen beeindrucken? Willenbacher überlegt. Dann erzählt er die Geschichte, als bei einer Mitarbeiterparty der letzte Firmenshuttle nach Mainz weg war und eine Frau sagte: »Wie komme ich jetzt nach Hause? Wohnt jemand von euch in Mainz?« Als sich keiner meldete, sagte er: »Ja, ich fahre in einer Viertelstunde.« Die anderen riefen der Frau zu: »Oh, pass auf, der Matthias fährt zügig!« Daraufhin sagte er: »Nee, ich fahre mit dem Leaf, der fährt nicht schnell!« Der Leaf ist ein Elektroauto in der Golf-Klasse und im Vergleich zum Tesla eher unspektakulär. Während die Frau ohne Shuttle schwieg, prüfte Willenbacher in seiner Tasche nochmal, welchen Autoschlüssel er mit hatte. Danach sagte er: »Doch kein Leaf, ich habe nur den Tesla-Schlüssel dabei.« Worauf die Frau wie aus der Pistole geschossen rief: »Oh, klasse, dann bin ich sofort dabei!« Womit alles klar sein dürfte.

Willenbacher fährt schon seit einem Jahrzehnt E-Mobile, ganz am Anfang hatte er einen City EL, das ist ein etwas wackelig daherkommender Einsitzer. »Da konnte man keine Frauen beeindrucken, höchstens kleine Kinder.«

Willenbacher ist Jahrgang 1969. Volle dunkle Haare, angegraute Schläfen, ein schlanker, jung- und gutaussehender Mann; aber er betont das nicht. Und während Frank Asbeck seine Körperlichkeit möglichst weit in den Raum ausweitet, macht sich Willenbacher beim Sprechen eher dünner. So kommt es einem jedenfalls vor. Auch er lacht viel, aber selbstironisch wirkt er nicht.

Wie seine Mitarbeiter hat auch Willenbacher ein eher kleines Kabuff, etwa 20 Quadratmeter, da sitzt er mit zwei Assistentinnen zusammen, weil er es albern fände, wenn er die immer durch eine Sprechanlage rufen würde. Immerhin im obersten Stock. Künftig will die dreiköpfige Geschäftsführung in einem Großraumbüro arbeiten – zu zwanzigst. Chefanzüge trägt er bei öffentlichen Terminen, dazu eine grellorangene Krawatte mit dem Schriftzug »100 %«. Jetzt hat er einen weißen Pullover an. Von, Moment … Marc O'Polo.

»Ach?«, sagt er.

Er macht sich nicht die Mühe, zu verbergen, dass er ein Getriebener ist. Ständig brütet er was aus und ist in Gesprächen oft schon viel weiter als die Mitarbeiter, was die schon mal überfordern kann. Heißt es.

Willenbacher kennt aus dem Bauernhaushalt der Eltern die Ungemütlichkeiten jenseits der Festanstellung. Aber er ist kein geborener Unternehmer wie Frank Asbeck. Vielleicht kann man etwas unfair verkürzt sagen, dass Asbecks Drive durch die unternehmerische Chance ausgelöst wurde, viele Solaranlagen zu verkaufen – und Willenbachers Drive durch die Chance, als Unternehmer viele Solaranlagen aufzustellen und damit etwas zu bewirken. Er sieht es so: »Ich kann nicht behaupten, dass ich ein besserer Mensch wäre als andere.

Aber ich kann für mich in Anspruch nehmen, bei der Energiewende den klügsten und besten Weg gehen zu wollen, der am nachhaltigsten ist für unseren Planeten Erde. Und da bilde ich mir ein, mehr Wissen zu haben als viele Politiker und auch besser handeln zu können als viele Politiker, die ja doch in Zwängen sind.«

Allerdings erfährt er auch, dass es in Deutschland nach wie vor eine grundsätzliche Skepsis gegenüber Unternehmern gibt, auch wenn sie keinen Maserati fahren. »Dass ein Unternehmer einem Ideal nachstreben kann, das vernünftigste und idealste Energiesystem haben zu wollen, das will man nicht glauben.«

Die dezentrale Wende

Willenbacher sieht die Energiewende als Folge unterschiedlicher Bewegungen kommen. Zum einen durch Politiker und Gesetze wie das EEG, die sie befördern. Zum anderen durch Tüftler. Zum dritten durch Unternehmer. »Dass ich Unternehmer wurde, war Ehrgeiz und Glück, das Richtige zum richtigen Zeitpunkt zu tun.« Man könne nicht sagen: Politik, mach mal. Aber man könne auch nicht als Unternehmer etwas wollen, wenn die Politik es nicht mit umsetzt. Oder etwas verkaufen, wenn die Bevölkerung nicht davon überzeugt sei.

Er sieht, dass die Konzerne durch – aus seiner Sicht – absichtliche Unterschätzung der Möglichkeiten der Erneuerbaren versuchen werden, den Atomausstieg vielleicht doch noch mal zu verzögern, um damit noch ein paar Jahre länger das einfache, viele Geld zu verdienen. Er sieht hinter dem blitzschnellen Beschluss von Angela Merkels CDU/FDP-Regierung, nach der Katastrophe von Fukushima aus der Atomkraft auszusteigen, keinen ernsthaften Willen der Regierungsparteien, die

Energiewende wirklich zu machen. »Die Energiewende in der Bundespolitik hat definitiv nicht stattgefunden.« Dafür kämen immer mehr Bürgermeister auf juwi zu und sagten: Wir wollen da was machen. Und dann sagt er: Na klar.

Ist er unter diesen Umständen sicher, dass die Energiewende überhaupt kommt? »Die Energiewende wird definitiv kommen. Die Frage ist nur, wie schnell.« Er denkt, dass die dagegenwirkenden Kräfte – Unternehmen, die ihr Geld mit anderen Technologien verdienen und Politiker, die diesen Unternehmen nahestehen – das zwar verzögern, aber nicht aufhalten können. Schlicht, weil der Weltwirtschaft das Öl ausgeht. »Der Hunger nach Energie wird immer größer, die Rohstoffe werden immer weniger. Diese Lücke wird immer größer und dann wird Erdöl nicht mehr bezahlbar sein – und nicht mehr konkurrenzfähig gegenüber Erneuerbaren.«

Die Linie von Willenbacher und juwi ist, dass die Energiewende sich hundertprozentig erneuerbar und dezentral vollziehen kann. »Viele Leute sagen: Naja, ein paar größere Offshore- und Wüstensolarparks können wir schon haben. Ich sage: Wozu? Wir haben in jeder Region soviel Potenzial, dass wir doppelt soviel Strom produzieren können, wie wir brauchen.« Das sehen andere anders, aber in Willenbachers Zukunft stehen die Windräder in der Region und nicht in der Nordsee, weshalb die Energie auch nicht teuer über große Gleichstromleitungen von Norden nach Süden transportiert werden muss. Und die strukturschwachen ländlichen Regionen und Kreise produzieren den Strom für die Großstädte und finanzieren damit Soziales, Bildung – oder dass es überhaupt weitergeht. Im strukturschwachen Hunsrück etwa ist man mit juwi-Anlagen schon ziemlich weit.

Die These, dass fünf Prozent der Gesellschaft reichen, um die Energiewende durchzusetzen, wenn die richtigen Leute vorangehen, teilt er nur teilweise: »Ich glaube, dass es Meinungsführer gibt, die auch in kleinen Orten die Richtung vorgeben und viele schließen sich dann an. Aber bei der Demokratisierung der Energieversorgung reichen fünf Prozent nicht aus. Da muss jeder Hausbesitzer mitmachen und eine Photovoltaikanlage auf sein Dach setzen.« Im Elternhaus in Schneebergerhof hat er selbst inzwischen sein erstes Windrad durch die derzeit modernste und beste Windturbine ersetzt.

In der Firma ist er übrigens »der Matthias«. Für den Bürgermeister auch. Bei juwi duzt man sich. Muss nichts bedeuten, kann aber. Es läuft so: Unten auf dem Betriebsbolzplatz fehlt ein Spieler. Matthias Willenbacher steht am Fenster und schaut runter. Da rufen sie dann hoch: »Matthias, komm runter. Wir brauchen dich.« Und dann zieht er seine Trainingshose an und sprintet los. Fast zu schön – oder?

5 Kohle gegen die Kohle – der Preis der Revolution

Normalerweise kaufen sie Firmen, die in Probleme geraten sind, investieren in faule Kredite oder in lukrative Immobilien. Normalerweise übernehmen sie Chemiefirmen, Legoland, die Hilton Hotels oder den outdoor-Ausrüster Jack Wolfskin. Und normalerweise bedeutet »going offshore« in ihrem Metier: Die Steuerflucht in eine Finanzoase.

Umso erstaunlicher war es, was die US-Finanzgesellschaft Blackstone Anfang August 2011 verkündete: Die von vielen als »Heuschrecke« titulierten Investoren kaufen sich für 1,2 Milliarden Euro in den Offshore-Windpark Meerwind ein, der bis 2013 insgesamt 80 Riesenmühlen 50 Kilometer vor der deutschen Küste in der Nordsee errichten will. Noch einmal 1,3 Milliarden geben sie für die Lizenz aus, einen zweiten Windpark bauen zu können, und weitere Projekte sollen folgen. Denn die US-Finanzjongleure erwarten von den deutschen Anlagen Renditen von 15 bis 20 Prozent für ihr Kapital. Das Vorhaben beweise, wie gut privates Kapital und die öffentliche Hand beim Klimaschutz zusammenarbeiten könnten, sagte Blackstone-Direktor Sean Klimczak, als er den Deal verkündete. »Die Projekte zeigen unsere andauernde Verbindung mit der deutschen Offshore-Windindustrie.«

Tatsächlich zeigen sie vor allem: Grün ist inzwischen auch die Farbe des großen Geldes. Die erneuerbaren Energien sind endgültig in der Mitte des Kapitalismus angekommen. Investierten noch vor einigen Jahren hauptsächlich die Überzeugten in Windanlagen und Solarpanels, sind beim aktuellen Goldrausch alle dabei, die nach sicherer Rendite suchen: Fondsgesellschaften, Versicherungen und Banken ebenso wie Privatanleger. Erneuerbare Energien gelten in Deutschland als krisensichere Geldanlage, die neben der Finanzrendite auch ein grünes Image und ein ruhiges Ökogewissen als Zusatzgewinn garantieren. »Von allen Investoren, die ich in diesem Gebiet kenne, ist nur noch einer aus ökologischen Motiven dabei«, sagt der Erneuerbare-Energien-Experte eines großen deutschen Konzerns, »und der ist pleite.«

Das Kapital strömt seit Jahren in den Markt. 2010 wurden in Deutschland nach einer Studie der Prognos AG 14 Milliarden Euro in Solar-, Wind- und Biomassekraftwerke investiert – mehr, als die 12,4 Milliarden, die für neue Gas- und Kohlekraftwerke aufgebracht wurden. Und bis 2020 soll sich die Investitionssumme für Erneuerbare nach Prognosen der Branche auf 28 Milliarden pro Jahr erhöhen.[9] Kein Wunder: Die Gesetze machen die Investitionen in Erneuerbare zu Rundum-sorglos-Paketen, bei denen die Geldgeber für 15 bis 20 Jahre garantiert auf gute Renditen kommen. Vor allem das Gesetz zur Förderung der Stromerzeugung aus erneuerbaren Energien, kurz »Erneuerbare-Energien-Gesetz« (EEG), hat eine ökonomische Dynamik entfaltet, die auch den Experten erst mit der Zeit aufgegangen ist. Im Jahr 2000 in Kraft getreten hat es aus dem Nichts einen milliardenschweren Markt gezaubert, hunderttausende von Jobs geschaffen und erst die Grundlagen für die Energiewende gelegt. Denn es garantiert den Investoren in Wind, Solar, Wasser oder Biogas über 20 Jahre Renditen, zu denen sich die Geldanlagen lohnen. Es schafft Investitionssicherheit für Geldgeber, Banken und Unternehmen – und es senkt diese Vergütung, wenn die Preise fallen, um die Verbraucher nicht über Gebühr zu belasten. Ohne die Grundlagen des

EEG, ohne die Etablierung eines dynamischen Industriezweiges, dem man tatsächlich zutraut, die deutsche Stromversorgung nachhaltig zu garantieren, wäre der Koalition von CDU/CSU und FDP im Sommer 2011 der ohnehin schwere Schritt zum Ausstieg aus dem Ausstieg vom Atomausstieg noch schwerer gefallen.

EEG – ein einzigartiges Gesetz

Im politischen Alltagsstreit um notwendige Reformen und überhöhte Fördergelder verschwindet oft die einzigartige Bedeutung des EEG. Nicht nur in Deutschland, sondern auf der ganzen Welt hat dieses unscheinbare Gesetz am Eingang des 21. Jahrhunderts den Rahmen geschaffen, dass die Träume von einer »Dekarbonisierung« der Wirtschaft überhaupt geträumt werden können. Und dass sich dafür eine ökonomische Dynamik in Gang setzen lässt, die jede politische Verordnung in den Schatten stellt. Das EEG hat bewiesen: Die Politik kann einen Markt für Ökoenergien schaffen, der dann wiederum die Politik vorantreibt; und wo die Marktkräfte nicht nur durch Liberalisierung entfesselt werden (wie unheilvoll an den Finanzmärkten zu beobachten ist), sondern im Gegenteil durch klare Leitplanken. Das EEG war der Urknall der Energiewende.

Der deutsche Weg, die erneuerbaren Energien über eine garantierte Einspeisevergütung (den international sogenannten »feed-in tariff«) aufzupäppeln, hat aber noch einen anderen Effekt: Er verteilt die Macht in der Energiepolitik von oben nach unten. Denn das EEG lohnt sich vor allem für Kleinanleger und Finanzinvestoren, die mit relativ konservativen Renditen von fünf bis zehn Prozent zufrieden sind. Die großen Stromkonzerne dagegen orientieren sich ungern an solchem

»Kleinvieh«: Sie konkurrieren bei Analystenratings und Investorenerwartungen mit Konzernen wie der Deutschen Bank, deren Chef Josef Ackermann trotz Finanzkrise immer noch mindestens 15 Prozent Eigenkapitalrendite als Unternehmensziel einfordert. Wer in dieser Liga spielen will, kann sich im Bereich der Erneuerbaren in Deutschland höchstens auf Offshore-Windanlagen konzentrieren. Alles andere sind Peanuts.

Das aber heißt: An der deutschen Energiewende sind die vier großen deutschen Stromkonzerne schon aus Renditegründen längst nicht so stark beteiligt wie es ihrer Stellung auf dem Strommarkt entsprechen würde. Anderswo lässt sich auch mit Erneuerbaren mehr Geld machen: Der deutsche Stromriese E. ON etwa baut seine Solarkraftwerke in Spanien und Italien und nutzt die Chancen für grünen Strom lieber in den USA und Großbritannien. Nur beim Offshore-Wind sind alle dabei, hier ist Blackstone nicht der einzige Riese im Geschäft: Die Münchner Rückversicherung ist mit zwei Milliarden Euro engagiert, Volkswagen will sich für eine Milliarde grünen Strom aus der Nordsee für seine zukünftigen Elektroautos sichern. Auch die Allianz überlegt, eine Milliarde in deutsche Offshore-Projekte zu stecken. Die Stadtwerke haben sich zu milliardenschweren Konsortien zusammengeschlossen, und offshore sind natürlich auch die deutschen Stromkonzerne mit im Boot.

Energiewende von unten

An Land aber sieht das anders aus. Hier hat die Energiewende tatsächlich etwas von einer demokratischen Veranstaltung. Die Geldgeber für Onshore-Windkraft, vor allem aber für Photovoltaikanlagen oder für Biomasse sind kleine Investoren. Nach einer Umfrage im Auftrag des Umweltministeriums besitzen Privatleute und Bauern zusammen über die Hälfte aller Anlagen, die mit einer Gesamtkapazität von 53000 Megawatt in Deutschland grünen Strom produzieren. Projektentwickler sind zu 14 und Banken zu elf Prozent beteiligt. Auf die großen Stromkonzerne entfallen bislang nur sieben Prozent. »Privatleute treiben die Energiewende voran«, ist dann auch die Schlussfolgerung der Agentur für Erneuerbare Energien, einer Lobbygruppe für die Ökostromer. Der Grund dafür sei, dass über Bürgerwindparks und Genossenschaften schon kleine Anlagen gute Renditen versprechen und dass die Technik leicht zu beherrschen sei. Auch der deutsche Hobbybastler fühlt sich von der Solarstromanlage oder vom Blockheizkraftwerk im Keller offenbar angesprochen: »Ich kenne Solaranlagen, da finden pensionierte Ingenieure ihre Berufung, indem sie akribisch Statistiken über die Auslastung erstellen«, sagt ein Energiemanager.

Politisch links oder grün ist da oft gar nichts: In Wildpoldsried bei Kempten im Allgäu etwa riecht es nach Mist und Gülle, der katholische Pfarrer hat noch was zu sagen und »Zugereiste« durften lange keine Grundstücke kaufen. Die 2400 Wildpoldsrieder bleiben unter sich und sind störrisch. Vor einem Jahrzehnt haben sie beschlossen, ihre Energiekosten zu senken beziehungsweise selbst daran zu verdienen. Inzwischen gibt es Biogasanlagen, Solardächer und Windanlagen, der Ort erzeugt dreimal so viel Strom wie er verbraucht – und in die Kirche gehen sie immer noch.

Auch die Bauern von Jühnde bei Göttingen denken nicht daran, die Verhältnisse auf den Strommärkten zum Tanzen zu bringen – sie holen sich einfach nur mit ihrer Biomasse die heimische Energie ins Haus. Und dieses Modell greift um sich: Inzwischen haben sich bundesweit 118 Kommunen und Städte (darunter Trier, Speyer, Osnabrück, der Harz) zu »100-Prozent-Erneuerbare-Energie-Regionen« erklärt, in denen fast 18 Millionen Menschen leben. Schon jetzt oder bald wollen sie ihren Strom selbst erzeugen und vermarkten. Das ist nicht nur öko, sondern bringt bares Geld in die Region: Das Kapital, das sonst an die Stromkonzerne floss, bleibt so in der Gegend.

Dabei haben gerade die traditionell wirtschaftsfreundlichen Parteien der Union und der FDP diesen Markt der Erneuerbaren lange und verbittert bekämpft. Eine Branche, die heute 37 Milliarden Euro umsetzt und Arbeitsplätze für 350 000 Menschen bereitstellt, kam in den Planungen von etablierter Politik und Wirtschaft lange nicht vor. Zwar wurde noch unter Kanzler Helmut Kohl 1990 von allen Fraktionen das Stromeinspeisungsgesetz beschlossen, mit dem zum ersten Mal die Betreiber von Windanlagen den Absatz ihres grünen Stroms garantiert bekamen, und zwar zu Preisen, die Wind rentabel machten. Doch die Technik steckte noch in den Kinderschuhen, der Anteil der Erneuerbaren lag 1990 bei drei Prozent der deutschen Stromerzeugung und kam hauptsächlich aus der Wasserkraft. Verächtlich sprachen die Stromkonzerne dann auch davon, das neue Gesetz werde ihnen nur »Zehenwackeln« verursachen.

Dass aus dem Zehenwackeln 20 Jahre später schwere Beinkrämpfe bei den Stromkonzernen werden würden, war niemandem klar. Auch nicht den Protagonisten des entscheidenden EEG, das am 25. Februar 2000 mit den Stimmen der rot-grünen Bundestagsmehrheit beschlossen wurde. »Die Entwicklung haben alle total unterschätzt«, sagt Michaele Hustedt heute. »Die Stromkonzerne, die Wirtschaft, aber auch wir Politiker.« Hustedt war 2000 energiepolitische Sprecherin der grünen Bundestagsfraktion und trieb zusammen mit dem SPD-Energiepolitiker Hermann Scheer und einer kleinen Gruppe von grünen und roten Parlamentariern die Energiewende voran. Vor allem Scheer kämpfte wie kein Zweiter für den Ausbau der Erneuerbaren und die Unabhängigkeit von den großen Stromversorgern. Der Gründer des Lobbyverbands Eurosolar, Träger des alternativen Nobelpreises, unermüdlicher Redner, Agitator und Buchautor, starb im Oktober 2010 – ein halbes Jahr bevor seine Vision von einer parteiübergreifenden Energiewende in Deutschland Wirklichkeit zu werden begann.

Das Parlament legt Hand an

Weil sich am Beginn der rot-grünen Amtszeit Umweltminister Jürgen Trittin (grün) und Wirtschaftsminister Werner Müller (parteilos, aber beim Thema Strom als ehemaliger Manager des Stromkonzerns Veba nicht unparteiisch) nicht auf einen Gesetzesentwurf einigen konnten, »haben wir Abgeordneten das Gesetz selbst geschrieben«, sagt Hustedt. Die Dissidenten ließen sich dabei von der Lobby der Erneuerbaren beraten: Der Bundesverband Erneuerbare Energien (BEE) half den Parlamentariern, die auf keine Beamtenapparate wie die Ministerien zurückgreifen konnten, bei der Abfassung der 22 Paragrafen, die die deutsche Energiewirtschaft umkrempeln sollten.

Selten ist ein Gesetz des Deutschen Bundestages so unterschätzt worden wie das EEG. Im Jahr 2000 hatte Ökostrom in Deutschland einen Marktanteil von fünf Prozent. Das Gesetz sollte ihn »bis 2010 verdoppeln«, was damals als ehrgeizig galt. Im ersten Halbjahr 2011 überschritt dieser Anteil zum ersten Mal die 20 Prozent, stellte also eine Vervierfachung dar seit 2000. Zwischen der »Änderung der Handwerksordnung« und dem »Zweiten Gesetz zur Änderung des Weingesetzes«

wurde an diesem 25. Februar das EEG von der rot-grünen Parlamentsmehrheit beschlossen – trotz Sympathie in den Zielen ohne Zustimmung der Opposition, die den Weg als falsch brandmarkte. Das sei »kein gutes Gesetz«, es zeige eine »Energiepolitik ohne Konzept« und leiste »keinen entscheidenden Beitrag zur Wettbewerbsfähigkeit oder der Senkung von Subventionen«, kritisierte der CDU-Abgeordnete Kurt-Dieter Grill. Walter Hirche von der FDP monierte, das EEG »vernachlässigt Innovation und Effizienz« und »eine Finanzierung, die nicht zu Lasten von Arbeitsplätzen geht« ebenso wie »rechtliche Sicherheit«.

So kann man sich täuschen, auch wenn man wie Hirche gleich in zwei deutschen Bundesländern – Brandenburg und Niedersachsen – Wirtschaftsminister wird. Denn heute gestehen alle dem EEG zu, es habe Innovationen beflügelt, die Preise für erneuerbare Energietechniken weltweit massiv gesenkt, Jobs geschaffen und den Investoren Sicherheit gegeben. Stolz weist das – inzwischen von Grills Parteifreund Norbert Röttgen geführte – Bundesumweltministerium darauf hin, dass über 60 Staaten die Idee und Konzeption des EEG übernommen haben, und schwärmt von einer »technischen und ökologischen Revolution, die große wirtschaftliche Chancen bietet«. Für diese Einsicht brauchten Union und FDP ebenso wie die Stromwirtschaft allerdings 20 Jahre und mehrere Niederlagen vor Gericht. Deutsche und europäische Gerichte wiesen mehrfach Klagen gegen das Stromeinspeisungsgesetz oder das EEG zurück. Die wohl wichtigste Entscheidung kam 2001: Der Europäische Gerichtshof erklärte, die Umlagefinanzierung des EEG sei nicht als staatliche Subvention zu werten und damit rechtens.

Mit diesem Urteil bestätigten die Euro-Richter einen genialen Einfall der EEG-Schöpfer. Denn das Gesetz setzt auf eine

Mischung aus staatlicher Lenkung und marktwirtschaftlichem Profitdenken. Vor allem aber entkoppelt das EEG die Förderung von Sonne, Wind und Biomasse und den anderen Erneuerbaren von staatlichen Budgetproblemen: Es legt die Mehrkosten für den Bau von Solarfarmen und Windparks auf die Verbraucher um. Somit finanziert jeder private Stromverbraucher seinen Anteil an der Energiewende. Die Unabhängigkeit der EEG-Finanzierung von politischen Konstellationen und von Begehrlichkeiten in Sparrunden hat das Überleben des Gesetzes unter drei politischen Konstellationen (rot-grün, rot-schwarz, schwarz-gelb) ebenso gesichert wie der Aufbau einer starken Erneuerbaren-Lobby, die etwa auch bei den Bauern und in der CSU verankert ist.

So hat sich das EEG im Windschatten der umkämpften, ideologisch hoch aufgeladenen rot-grünen Projekte Atomausstieg und Ökosteuer langsam und stetig entwickelt. Während das Atomthema 2010 mit der Laufzeitverlängerung für die deutschen Atomkraftwerke plötzlich wieder links wie rechts im politisch-ökonomischen Spektrum zu heißen Köpfen führte und die Ökosteuer von Rot-Grün nach einer beispiellosen »Benzinwut«-Kampagne von *Bild*-Zeitung und CDU-Oppositionsführerin Angela Merkel eingefroren wurde, bastelten die Wind-, Solar- und Biomassenutzer friedlich und parteiübergreifend an einer parallelen Struktur der Stromversorgung.

Diese parteiübergreifende Begeisterung für die Erneuerbaren ist allerdings auch ein ungern öffentlich diskutierter Schwachpunkt des EEG. Denn seiner Entstehung als »Parlamentsgesetz« verdankt die Norm eine Besonderheit: Im Gegensatz zu anderen Gesetzen, bei denen die Details in den Ministerien von Fachbeamten geklärt werden, fummeln die Abgeordneten etwa an den Vergütungssätzen für die Einspeisung von Wind- oder Solarstrom selbst mit herum. Weil die Regeln vorsehen, dass die Vergütungspreise sinken sollen, um die Belastung der Konsumenten möglichst gering zu halten, werden alle paar Monate neue Verhandlungen darüber fällig, mit wie viel Cent jetzt die Kilowattstunde Wind- oder Solarstrom gefördert werden soll. Dieser direkte Einfluss der Abgeordneten auf die Preisgestaltung öffnet dem Druck der Ökolobbyisten eine große Tür. Teilnehmer an den Verhandlungen berichten davon, wie in diesen Gesprächen die Vergünstigungen für die Bauernlobby, der etwa Abgeordnete aus Süddeutschland näherstehen, mit Vorzügen für die Windmüller aus dem Norden wieder ausgeglichen werden. Im Zweifel führt das manchmal –wie bei der Debatte um die Absenkung der Solarförderung 2010 – dazu, dass die Ökoindustrien die Abgeordneten über den Tisch ziehen und sich Preise genehmigen lassen, die weit über den Marktpreisen liegen können.

Der Preis der Revolution

Aber auch wenn nicht gemauschelt wird: Die Revolution hat ihren Preis. 2010 zahlten die deutschen Verbraucher insgesamt etwa 14 Milliarden Euro an Subventionen für Ökostrom. Vor allem der rasante Zubau von Photovoltaikanlagen hat die »Differenzkosten«, um die Ökostrom teurer ist als Energie aus Atom-, Kohle und Gaskraftwerken, auf 3,6 Cent pro Kilowattstunde steigen lassen. Das Rheinisch-Westfälische Institut für Wirtschaftsforschung (RWI) addierte allein durch die bis 2010 gebauten Solaranlagen die zusätzliche Belastung der Verbraucher auf 85 Milliarden Euro über 20 Jahre: eine Summe, mit der die Gegner des Solarstroms immer wieder argumentieren. Und in der Tat ist das eine Menge Geld – allerdings nur ein »Klacks«, wenn man es mit den staatlichen Subventionen vergleicht, die Kohle und Atom über Jahrzehnte genießen konnten: Nach einer Greenpeace-Studie flossen von 1950 bis 2008 insgesamt »mindestens 432 Milliarden Euro« an direkten und indirekten Hilfen für die deutsche Stein- und Braunkohle.[10] Für die Atomkraft spendierte der Staat insgesamt noch einmal über 300 Milliarden.[11]

Wie teuer ist also der Ökostrom? Ein durchschnittlicher Haushalt mit vier Personen zahlte 2010 durch die Förderung der erneuerbaren Energien etwa 150 Euro im Jahr mehr an Stromkosten als ohne die Umlage. Pro Kopf sind das also etwa drei Euro im Monat. Ein Hundehalter rechnet für seinen vierbeinigen Freund etwa mit dem Zehnfachen an Kosten.

Allen heiß geführten Debatten über die Höhe dieser EEG-Umlage zum Trotz sind die Bundesbürger konstant bereit, ihren finanziellen Anteil dafür zu erbringen. Fast 80 Prozent der Befragten hielten sie in einer repräsentativen Umfrage für die Agentur für Erneuerbare Energien im Sommer 2011 für »angemessen«. Den Grund für die Zahlungsbereitschaft nennt der Erziehungswissenschaftler Udo Kuckartz, der jahrelang für die Uni Marburg die Einstellungen der Deutschen zu Umweltfragen gemessen hat: »Erneuerbare, vor allem die Solarenergie, haben einfach ein unglaublich positives Image bei uns Deutschen.«

Das ist auch gut so. Denn für die Energiewende muss eine Menge Geld aufgetrieben werden: 20 Milliarden Euro jährlich über einen Zeitraum von zehn Jahren, prognostiziert Claudia Kemfert, Leiterin der Energieabteilung am Deutschen Institut für Wirtschaftsforschung (DIW) in Berlin. Darin sind die Kosten für den Ausbau der Erneuerbaren und der Stromnetze enthalten, für Gebäudesanierungen und weitere Gaskraftwerke, die die Energie aus Wind und Sonne absichern sollen. Kemfert weist gegenüber den »Horrorvisionen von Blackouts und explodierenden Strompreisen« darauf hin, dass die deutsche

Volkswirtschaft ebenso mit 20 Milliarden pro Jahr belastet werde, wenn der Ölpreis von 100 auf 120 Dollar pro Fass steige – was durchaus möglich ist. Auch andere Ökonomen bekräftigen, dass die Erneuerbaren nicht nur Preistreiber sind, sondern das Preisniveau am Markt teilweise sogar senken: Denn wenn die Sonne scheint und der Wind weht, drückt der Ökostrom billig in den Markt und lässt teurere fossile Kraftwerke unrentabel werden. Eine Studie der Unternehmensberatung prognos etwa kommt zu dem Schluss, dass vom Ausbau der Erneuerbaren in Deutschland vor allem die energieintensive Industrie profitiere – die sich einerseits über billigeren Strom zu Spitzenverbrauchszeiten freuen kann und andererseits nicht an der EEG-Umlage beteiligt ist.

DIW-Ökonomin Kemfert jedenfalls gesteht zu, dass »gewaltige Investitionen« nötig sind, die aber wiederum »Wertschöpfung und Arbeitsplätze sichern«. Die deutsche Industrie könne aber vom Boom der Branche stark profitieren, weil sie auch international das Know-how habe. »Die Energiewende wird heute eingeleitet«, so Kemfert, »sie führt uns in eine nachhaltige Energieversorgung. Und sie bietet definitiv mehr Chancen als Risiken.«

Diese Botschaft ist allerdings noch nicht bei allen angekommen. Vor allem nicht bei denen, die das Kapital zusammenbringen sollen: den Banken. Denn die Energiewende kann so demokratisch sein wie sie will – es geht nichts ohne die Kreditinstitute. Der sichere Profit durch die langfristige Einspeisevergütung hat sie zwar bewegt, Projekte der erneuerbaren Energien kräftig zu finanzieren. »Alles, was da aufgelegt wird, ist schnell ausverkauft«, heißt es etwa von Analysten aus großen deutschen Banken. Doch wenn das Risiko steigt, bekommen die Banken schnell kalte Füße – zumal in der Euro- und Finanzkrise, wo sich die Kreditinstitute untereinander ohnehin nur schwer über den Weg trauen. Vor allem die Großprojekte im Offshore-Wind waren den Banken lange zu riskant: Den Instituten, die jahrelang mit extrem windigen und kaum verständlichen Kreditderivaten jongliert hatten, galten Windturbinen nicht mehr als sichere Bank.

Deutsche Unternehmen klagten über einen Kreditstau und bekamen ihre Projekte nicht finanziert. Der Kostenvorteil etwa der chinesischen Konkurrenz habe nicht so sehr mit niedrigeren Löhnen zu tun, sondern vielmehr mit dem einfachen Zugang der chinesischen Firmen zum staatlich kontrollierten Kapitalmarkt, war als Klage bei deutschen Anlagenbauern immer wieder zu hören. In dieser Situation legte die Bundesregierung über die staatseigene Kreditanstalt für Wiederaufbau (KfW) im Juni 2011 ein Programm über fünf Milliarden Euro auf, das dieses Problem lösen soll. Für die letzte Tranche in einem Konsortium aus Banken, das einen Offshore-Park finanziert, kann es jetzt zu marktüblichen Konditionen einen Kredit von der KfW geben. Blackstone ist mit seinem Projekt »Meerwind« der erste Investor, der diese Art der Finanzierung in Anspruch nimmt.

Auch auf der europäischen Ebene gibt es Geld für die sauberen Energien – und noch einmal deutlich mehr als im Energiewendeland Deutschland. »Fünf Milliarden Euro vergeben wir in einem Jahr«, sagt Matthias Kollatz-Ahnen, Vorstandsmitglied der Europäischen Investitionsbank (EIB). Um das Ziel der Europäer zu erreichen, bis 2020 ihren Strom zu 20 Prozent aus erneuerbaren Energien zu beziehen, planen die EU-Staaten Investitionen in Höhe von etwa 450 Milliarden. Und häufig übernimmt die EIB gerade bei risikoreicheren Projekten wie der Offshore-Finanzierung bis zu einem Drittel des Kreditvolumens.

Der Vorteil der EIB wie auch der KfW: Sie müssen mit ihren Krediten, die sie »am unteren Ende der üblichen Gewinnmargen« vergeben, nicht so hohe Renditen erwirtschaften wie andere Banken selbst. Die vor allem sieht Kollatz-Ahnen durch die Energiewende wieder langsam auf den Boden der Tatsachen zurückkehren: »Die Banken werden in Zukunft deutlich weniger Rendite sehen als ihre Ziele in der Vergangenheit vermuten ließen«, sagt der Euro-Banker. »Für die sind die Turbospiele vorbei.« Es sei kein Zufall, dass sich mit dem Betrieb der Stromnetze etwa eine Rendite von acht oder neun Prozent erwirtschaften ließe. »Mehr ist in der Realwirtschaft einfach nicht zu holen.«

Felix Matthes, renommierter Energiefachmann des Öko-Instituts, stimmt ihm zu: Die großen deutschen Stromversorger hätten in der Vergangenheit auch von »Sonderkonjunkturen« profitiert: abgeschriebene Atomkraftwerke, die laut Branchenschätzungen pro Betriebstag eine Million Euro Gewinn machen; einen festen Stamm von Stromkunden, der verlässlich den Strom abnimmt; ein Monopol bei der Verwaltung der Netze (die sie inzwischen abgegeben haben); CO_2-Zertifikate, die den Unternehmen bis 2013 hauptsächlich vom Staat geschenkt wurden.

Wohin gehen die Big Four?

»Natürlich haben wir in der Vergangenheit auch Fehler gemacht«, gibt Carsten Thomsen-Bendixen, Konzernsprecher bei E.ON, offen zu. Über die überraschende Kehrtwende der Regierung Merkel nach Fukushima und die Rückkehr zum alten rot-grünen Atomausstieg will er nicht mehr sprechen: »Das ist Vergangenheit und abgehakt. Wir blicken nach vorn.« In eine Zukunft ohne Atomkraftwerke in Deutschland – die übrigens nie 40 Prozent des Konzerngewinns ausgemacht hätten, wie manche Experten errechnet haben, »sondern eher zehn Prozent«. E.ON braucht für den Umbau des Konzerns viel Geld und muss daher sparen. Weltweit sollen bis zu 11 000 Stellen wegfallen und Standorte geschlossen werden, die Unruhe im Unternehmen ist groß.

Wo kann E.ON in Zeiten der Energiewende noch Geschäfte machen? »Bei Offshore-Wind zum Beispiel«, sagt Thomsen-Bendixen. Die Investition in Gaskraftwerke lohne sich derzeit nicht, Solarparks baut der Konzern in Spanien und Italien, Windkraftanlagen in den USA und in Nord- und Ostsee. Neben den laufenden Gas- und Kohlekraftwerken steigt der Riese aber auch in das Geschäft der Kleinen ein: Endkunden bekommen Solaranlagen verkauft oder kleine Blockheizkraftwerke, die Wärme und Strom im Keller erzeugen.

Vor allem aber geht der Blick der Manager aus Düsseldorf in die Welt: Brasilien, Indien oder die Türkei sind die Energiemärkte der Zukunft. »E.ON bleibt ein deutsches Unternehmen, das ist klar«, sagt Thomsen-Bendixen. Was das für die deutsche Energielandschaft bedeutet, ist aber unklar.

»Ich sehe es so«, sagt Bernd Hirschl. »Keiner der großen vier Energiekonzerne hat zur Zeit eine echte Strategie für seine Zukunft im Kernmarkt Deutschland.« Hirschl ist Ökonom und Energieexperte beim Institut für Ökologisches Wirtschaften (IÖW) in Berlin. Er hat 2010 für Greenpeace eine Studie erstellt, die sich mit den »Investitionen der vier großen Energiekonzerne in erneuerbare Energien« beschäftigt. Fazit: Die Großen haben die Entwicklung verschlafen.[12] Der E.ON-Sprecher räumt ein: Die Bedeutung der Erneuerbaren sei auch beim größten deutschen Stromkonzern »eher spät erkannt worden«. Mittlerweile habe E.ON aber enorm aufgeholt und gehöre weltweit beim Wind zu den Marktführern. Hirschls Zahlen von 2009 sprechen dagegen für Deutschland eine andere Sprache: Während der Anteil von Wind, Solar und Wasser bereits bei 16

Prozent der deutschen Stromerzeugung lag, erzeugten die Big Four nur sieben (E.ON), drei (RWE), ein (Vattenfall) und elf (EnBW) Prozent ihres Stroms aus Erneuerbaren. Und dieser Strom, heißt es, »wird zunehmend im Ausland erzeugt«.

Laut Hirschl haben die Unternehmen die Dynamik des EEG klar unterschätzt. Dafür sei auch ihr »Think big« verantwortlich, ihre Gewohnheit, in großen Strukturen zu denken. »Die Risiken, die daraus folgen, werden oft nicht diskutiert. Zum Beispiel hat E.ON bei dem vergeblichen Übernahmeversuch des spanischen Stromkonzerns Endesa viel Geld verbrannt, aber dieses Risiko geht man eben ein.« Wenn sich diese Konzernstrukturen nicht änderten, lägen die Zukunftsmärkte eher außerhalb Deutschlands. »Für E.ON ist es einfacher, einen brasilianischen Stromkonzern zu kaufen als sich in Deutschland dezentral neu zu erfinden.«

Für Hirschl ist klar: Energiewende heißt nicht nur Stromwechsel hin zu Ökostrom, sondern auch eine dezentrale Energieversorgung in den Regionen. »Die optimale Balance zwischen dezentral und zentral bedeutet für mich: 80 Prozent der Stromerzeugung dezentral.« Nur so bekomme man die Akzeptanz der Bürger, verhindere Monopole und mindere das Risiko. Hirschl ist mit dieser Meinung nicht allein, doch er stößt auf Widerstand auch in der Fraktion der Energiewende-Fans: Der Sachverständigenrat der Bundesregierung für Umweltfragen (SRU) etwa, ein unabhängiges Expertengremium, plädiert für eine großflächige Verteilung von Ökostromerzeugung, ähnlich der »Desertec«-Idee der deutschen Großindustrie: Sonnenstrom aus Nordafrika, Windstrom aus der Nordsee, Wasserkraft aus Norwegen und Biomasse aus Osteuropa sollen ein europäisches Netz für Ökoenergie bilden.

Diese Debatte zeigt: Die Energiewende hat gerade erst begonnen. Nach der Phase des Sturm und Dung, wo Energie aus

Wind, Sonne und Biomasse ausgebaut wurde, steht nun die Entscheidung an, wie eine solche erneuerbare Stromversorgung zu organisieren ist. Das betrifft technische Aspekte wie den Ausbau der Netzkapazität und die Organisation der vielen dezentralen Einspeiser. Auch da ist bislang ungeklärt, welche Behörde oder welches Gremium eine solche Aufgabe übernehmen könnte. Die Fragen kreisen aber auch darum, wer in welcher Form in Zukunft Gülle in Gold verwandeln darf.

Für Michaele Hustedt, die inzwischen aus dem aktiven Politikerleben ausgestiegen ist und als Coach Abgeordneten, NGOs und Lobbygruppen dabei hilft, sich im Politikdschungel zurechtzufinden, ist das EEG dringend sanierungsbedürftig. »Wir waren ein Jahrzehnt lang sehr erfolgreich damit, die Kapazitäten aufzubauen. Aber das kann so nicht ewig weitergehen.« Jetzt komme es darauf an, den Zubau zu koordinieren und die Erneuerbaren dazu zu bringen, bedarfsgerecht Strom zu liefern, wenn er gebraucht wird. »Wir müssen ja ein Energiesystem aufbauen, das es nirgendwo gibt. Es wäre auch eine gute Zeit, eine Enquete-Kommission des Bundestags zu gründen, die diese Fragen parteiübergreifend vordenkt, wie die Enquete zum Klima in den neunziger Jahren.«

Eine neue Energieversorgung bedeutet aber auch, dass man neu über die Macht in der Energiepolitik nachdenkt. Nach Jahrzehnten des Kampfes und der kleinen Fortschritte gegen eine übermächtig erscheinende Allianz aus Politik und Wirtschaft haben die Vertreter der Energiewende jetzt ihr Ziel erreicht. Wie das Ziel aber genau aussieht, muss sich erst noch erweisen. Die alten Frontlinien zwischen den »guten, kleinen, Erneuerbaren« und den »schlechten, großen fossilen und atomaren Konzernen« sind ins Wanken geraten, wenn sich die Lobbys der Erneuerbaren über Abgeordnete ihre Fördersummen direkt ins EEG schreiben können. Auch Konzerne, die grünen Strom erzeugen, verhalten sich wie Konzerne, ist die Befürchtung bei den Gegnern eines zentralen Ökostromsystems. »Als wir 2000 mit dem Bundesverband Erneuerbare Energien das EEG entwarfen, da waren das Umwelt- und Klimaschützer, die sich für ihre Sache der Wirtschaft bedienten«, sagt Hustedt. »Heute ist es umgekehrt. Das ist kein Vorwurf. Aber diese Realitäten muss man anerkennen.«

6 Dinosaurier sterben langsam – und bestimmen das Tempo der Energiewende

Hier ist nicht mehr viel los. In der eindrucksvollen Halle mit Blick auf den Boulevard Unter den Linden kümmert sich die Angestellte eines externen Dienstleisters um die wenigen Gäste. Eigenes Personal am Empfang will sich E.ON, Deutschlands größter Energiekonzern, für seine Hauptstadtrepräsentanz in Berlin nicht mehr leisten. Es ist Freitagvormittag, auch in den Berliner Büros anderer Großunternehmen steppt da nicht immer der Bär. Aber hier sieht es doch sehr verlassen aus. Auf hunderten Quadratmetern hellen Teppichbodens, zwischen gediegenen rot-braunen Möbeln, teuer aussehenden Gemälden und hohen Flügeltüren ist nur E.ON-Sprecher Carsten Thomsen-Bendixen unterwegs. Er sagt: »Meine Abteilung wird halbiert.« Nur rund jeder zweite Mitarbeiter der Unternehmenskommunikation werde demnächst noch in der E.ON-Zentrale arbeiten.

Die Etagen seiner Hauptstadtrepräsentanz im neoklassizistischen Zollernhof hat E.ON bereits an das ZDF verkauft. Jetzt ist man lediglich Mieter. Aber auch das wird nicht mehr ewig so gehen. In nicht allzu ferner Zukunft wird sich das Unternehmen wohl eine billigere Bleibe in Berlin suchen.

Warum das alles? Der Konzern hat sich zum Ziel gesetzt, seine jährlichen Kosten von rund elf auf rund neun Milliarden Euro zu senken. Man braucht dringend verfügbare Mittel, um Investitionen in Zukunftstechnologien zu finanzieren. Dass das so ist, hat sehr viel mit dem deutschen Ausstieg aus der Atomenergie zu tun. Vor der Katastrophe im japanischen Fukushima verfügte E.ON über rund 40 Prozent der einheimischen Atomstromkapazität. Dann beschloss die Bundesregierung unter dem Eindruck des Unfalls in dem fernöstlichen Kernkraftwerk, acht alte Anlagen in Deutschland sicherheitshalber stillzulegen, darunter mehrere von E.ON. Die Gewinne aus diesem Geschäft fehlen dem Konzern. Der Anteil umweltfreundlicher Stromproduktion beträgt im Unternehmen Ende 2011 gerade einmal 13 Prozent. E.ON muss sich ein neues Geschäftsmodell überlegen – und zwar schnell.

Um die Bedeutung des Atomausstiegs für sein Unternehmen und die deutsche Energieproduktion insgesamt zu beschreiben, findet Thomsen-Bendixen diesen Vergleich: »Stellen Sie sich vor, Sie planen eine Expedition zum Mount Everest mit Sauerstoffgeräten. Dann entscheiden Sie sich am Basislager plötzlich, ohne Masken hochzugehen.« Das lasse sich zwar schaffen, sei aber wesentlich mühsamer. E.ON orientiert sich widerwillig um. »Unser Unternehmen wird grüner, internationaler und dezentraler«, sagt Thomsen-Bendixen. Die bereits stillgelegten und bis 2022 abzuschaltenden Atomkraftwerke werde man in Deutschland jedenfalls nicht vollständig durch neue Großkraftwerke ersetzen. Auch Arbeitsplätze würden demzufolge abgebaut.

Zum Gespräch ist Thomsen-Bendixen informell gekleidet – hellblaues Hemd ohne Krawatte, Jeans. Als Vorgeschmack aufs Wochenende gönnen sich Manager am letzten Tag der Woche legere Kleidung. Der 43-jährige Schleswig-Holsteiner – Bürstenhaarschnitt, Tom-Cruise-Augen, Typ Jet-Pilot – ist als Sprecher mehrerer Firmen im E.ON-Konzern aufgestiegen. Er identifiziert sich mit dem Unternehmen. Was die Aussichten der Energieversorgung in Deutschland und die zukünftige Rolle von E.ON betrifft, neigt Thomsen-Bendixen zu Sarkasmus. Motto: Alles okay, wenn die Politik unbedingt wolle, steige man eben aus. Doch eigentlich streue die Regierung den Bürgern Sand in die Augen. Denn die deutschen Atomkraftwerke seien sicher, auch die alten.

Verraten von der Politik

Die mächtigen Unternehmen fühlen sich von der Politik sitzengelassen. Die Haltung in den Chefetagen der vier Atomkonzerne E.ON, RWE, Vattenfall und EnBW mutet ein bisschen an wie die Stimmung eines Ehemanns, dessen Frau das Weite gesucht hat. Man ist übriggeblieben, einsam. Die Trennung schmerzt, manchmal hasst man den anderen. Irgendwann weiß man zwar: Es hat keinen Sinn mehr, aber das Leiden macht die Suche nach einem neuen Weg mühsam.

Trotz ihrer herben Niederlage sind die Konzerne immer noch eine Macht in Deutschland. Lieferten sie und ihre Tochterfirmen vor Fukushima rund 80 Prozent der deutschen Elektrizität, dürfte ihr Anteil in den kommenden Jahrzehnten auf die Hälfte sinken. Kam die Politik an den Interessen der Großen früher gar nicht vorbei, so bleiben diese künftig weiterhin wichtig – wenn auch lange nicht mehr so relevant wie früher. Aus Sicht der Politik geht es darum, das alte Oligopol nicht völlig zu vergrätzen. Mit Schadensersatzklagen wegen der abgeschalteten Atomkraftwerke, dem Streit um die Brennelementesteuer und anderen Konflikten hat man schon genug Ärger. Auf ein leidliches Verhältnis zu den großen Energieversorgern meint die Regierung aber angewiesen zu sein. Umgekehrt haben die Unternehmen das Interesse, ihre Sichtweise in der Politik gebührend zu Gehör zu bringen.

Ein wichtiger Ort, um beide Perspektiven aufeinander abzustimmen, ist der BDEW – der Bundesverband der Energie- und

Wasserwirtschaft. Seine Zentrale hat der Branchenverband an der Reinhardtstraße in Berlin-Mitte, auf halbem Weg zwischen der FDP-Zentrale und dem Bundestag. In einer transparenten Büroetage mit viel Glas und Blick über die Dächer residiert Hildegard Müller, die Geschäftsführerin.

Müller, Jahrgang 1967, stammt aus dem nordrhein-westfälischen Ort Rheine nördlich von Münster. 1983, nachdem Helmut Kohl Bundeskanzler geworden war, trat sie in die Jugendorganisation der CDU, die Junge Union, ein. Bei der Dresdner Bank in Düsseldorf machte sie eine kaufmännische Lehre, studierte Betriebswirtschaft und stieg danach im Institut auf. Im Jahr von Kohls finaler Wahlniederlage 1998 eroberte sie den Bundesvorsitz der Jungen Union. 2000 schaffte sie es als erste Vertreterin der JU ins Präsidium der CDU – ein Aufstieg, der auch auf Müllers gutem Verhältnis zur damals neuen CDU-Chefin Angela Merkel beruhte. Diese machte Müller 2005 zur Staatsministerin im Bundeskanzleramt, 2008 folgte dann die Geschäftsführung des Energieverbandes.

Für diese Vermittlungsfunktion zwischen Unternehmen und Politik bringt Müller drei nicht zu unterschätzende Qualitäten mit. Erstens fand ihre berufliche Sozialisation in der Wirtschaft statt, sie versteht also etwas von Kapital, Renditen und Investitionen und bekennt sich zum freien Markt. Ihr ehemaliger Arbeitgeber Dresdner Bank setzte so große Hoffnungen in sie, dass das Institut Anfang der 2000er Jahre Müller eine Mitarbeiterstelle zu ihrer Unterstützung bei der Jungen Union finanzierte. Als das einige Jahre später an die Öffentlichkeit kam, gab es ziemlichen Ärger, weil Müllers Kritiker verdeckten Lobbyismus vermuteten.

Zweitens verstehen sich Hildegard Müller und Kanzlerin Angela Merkel ziemlich gut. Beide eint die Absicht, konservative Milieus für neue Entwicklungen zu öffnen – auch in persönlicher Hinsicht. Nach der Geburt ihrer Tochter machte Müller 2006/2007 eine Babypause, um dann wieder auf ihren Posten als Staatsministerin im Kanzleramt zurückzukehren.

Drittens verfügt Müller über das intellektuelle und rhetorische Talent, gegensätzliche politische Positionen in leicht rheinisch klingenden Wortwirbeln zu einem scheinbar harmonischen Ganzen zu verschmelzen, wobei ihre eigenen Interessen keinesfalls zu kurz kommen.

Müller – leicht merkelmäßige Hosen und Jacken, aber mehr dicke Perlenketten – kann sich genau erinnern, was sie tat, als am Freitag, 11. März 2011, vormittags die ersten Nachrichten aus Japan eintrafen. Im Gebäude an der Reinhardtstraße saß sie zusammen mit Vertretern des schweizerischen und österreichischen Verbandes der Energiewirtschaft. »Während die Havarie der Kernkraftwerke in Fukushima bekannt wurde, war mir schnell klar, dass es eine umfassende gesellschaftliche Diskussion geben würde«, sagt Müller. Im Herbst zuvor hatte der Verband Kanzlerin Merkel erst gedrängt, die Laufzeiten der Atomkraftwerke zu verlängern, und sie dann bei der Durchsetzung dieses Beschlusses unterstützt. Der Konflikt um die Atomkraft war dadurch wieder aufgerissen. Nach Jahren der relativen Ruhe demonstrierten erneut zehntausende Bürger gegen die Nuklearenergie. Und jetzt das: der zweite GAU in einem Atomkraftwerk, und noch dazu in einem hochentwickelten Industrieland. »Wir haben nach Fukushima sofort eine Taskforce mit Leuten aus allen Bereichen des Verbandes eingesetzt, um unsere Position zu überprüfen«, so Müller.

Neubewertung des Restrisikos

Rückblickend sagt die Geschäftsführerin: »Unsere Argumente zur Laufzeitverlängerung wurden nach Fukushima nicht falsch, doch die gesellschaftliche Bewertung der Restrisiken änderte sich.« Wochenlang diskutierte sie mit den Vertretern der Firmen in ihrem Verband, den Stadtwerken und Konzernen. Es war eine harte Debatte. Dann, exakt vier Wochen nach dem Beginn der Katastrophe, gab sie der *Frankfurter Allgemeinen Zeitung* ein Interview: »Die im BDEW organisierte Energiewirtschaft spricht sich aus für den schnellen und vollständigen Ausstieg aus der Kernenergienutzung bei Sicherstellung von Versorgungssicherheit, Klimaschutz und Bezahlbarkeit bis 2020.«[13] Das war eine erstaunliche, eine radikale Wende. Bundeskanzlerin Merkel konnte diese Unterstützung des entscheidenden Verbandes gut gebrauchen. Denn in Union und FDP war der Ausstieg alles andere als unumstritten.

Das galt auch für den Verband selbst. Die Abstimmung im Vorstand am 8. April 2011 ging zwar eindeutig aus: 22 Stimmen für den Atomausstieg. Hier setzten sich unter anderem die Vertreter der Stadtwerke durch, die das Übergewicht der Großen und erst recht die atomare Laufzeitverlängerung schon lange kritisiert hatten. Aber es gab auch vier Gegenstimmen. In eigenen öffentlichen Stellungnahmen sagten die Vorstände von E.ON und RWE sehr deutlich, dass sie es für falsch hielten, als Reaktion auf Fukushima eine konkrete Jahreszahl für den Ausstieg festzulegen.

In den Wochen nach der Entscheidung knirschte es laut denn auch beim BDEW. Müller dementierte, dass die Konzerne drauf und dran seien, die gemeinsame Plattform der Energiewirtschaft zu verlassen. »Wir haben den Unternehmen viel zugemutet«, weiß die Geschäftsführerin. Deshalb ist ihr auch klar, dass die Konzerne als Ausgleich für ihr Opfer Zugeständnisse verlangen werden. Und Müller ist gewillt, diese Zugeständnisse von der Politik einzufordern – im Interesse ihrer Mitglieder und der Einheit ihres Verbandes. Schon im Interview zum Ausstiegsbeschluss formuliert Müller, wo der Hase im Pfeffer liegt: »Neue Gas- und Kohlekraftwerke sind in Ergänzung der erneuerbaren Energien für lange Zeit in Deutschland unverzichtbar.«[14]

Wie bitte – Kohlekraftwerke? Geht es nicht eigentlich um eine umwelt- und klimafreundliche Energieproduktion?

Die große politische Frage am Beginn der eigentlichen Energiewende 2011 lautet: Wird das bisherige Stromoligopol seine Strukturen in die neue Zeit hinüberretten, indem die großen Kohle- und Gaskraftwerke der Konzerne weiterhin die Stromproduktion dominieren? Wenn das so wäre, würde sich die Energiewende darin erschöpfen, lediglich zwei energetische Ressourcen auszutauschen: Atom geht, Wind und Sonne kommen, der Rest bleibt wie gehabt. Die ökonomischen und politischen Machtverhältnisse ließe man im Wesentlichen unangetastet.

Die Energiewende in einem umfassenderen Sinn hingegen bedeutet, dass sich mit den Energiequellen auch viele andere Dinge wandeln: das Eigentum an einem Großteil der Kraftwerke, die Art der Produktion von Strom, seiner Verteilung und seines Konsums. »Energiewende« heißt letztlich: Das Lebens- und Wirtschaftsmodell der Bürger verschiebt sich. Daran, dass das so kommen könnte, haben die bisher herrschenden Konzerne aber kein Interesse. Denn dieser Wandel gefährdet ihr aktuelles Geschäftsmodell und ihre Rendite. Deshalb wollen sie die Veränderungen so klein wie möglich halten.

BDEW-Chefin Hildegard Müller ist keine Angestellte der Konzerne. Aber sie hat die Aufgabe, neben anderen Interessen auch deren Anliegen zu berücksichtigen, sie gegenüber der Politik zu vertreten und durchzusetzen.

Deshalb ist es interessant, wie Müller im Gespräch argumentiert. Zunächst weist sie daraufhin, dass Strom aus Wind und Sonne nicht immer zur Verfügung steht. Das ist das Bild der sogenannten »dunklen Flaute«. Beispielsweise an Winterabenden ohne Wind herrsche demnach Ebbe bei den Ökostromproduzenten. Daraus zieht die Lobbyistin die Schlussfolgerung: »Wir müssen schon genau erklären, wie wir 82 Millionen Deutsche sicher mit Energie versorgen können.« Dann deutet sie die politische Lösung an: »Wir stehen am Übergang zu einem System, in dem die erneuerbare Energie die Leitenergie ist. Trotzdem werden wir noch lange konventionelle Kraftwerke brauchen. Diese stellen eine Brücke in die Zukunft dar – eine lange Brücke.«

Brückentechnologie zur Rettung der Konzerne

Mit dieser These scheinen sich viele Unternehmen im BDEW nach dem Atomausstieg anfreunden zu können. Ein Dienstagvormittag im Oktober 2011: Im Kongresszentrum des Deutschen Beamtenbundes an der Berliner Friedrichstraße treffen sich über hundert Mitglieder des Verbandes zur Kraftwerkstagung. Zur Eröffnung verpackt Mathias Bucksteeg, der Kommunikationsleiter des BDEW, die aktuelle politische Erzählung des Verbandes in eine Geschichte. Die Dinosaurier, sagt Bucksteeg, seien nicht plötzlich von einem Jahr aufs andere ausgestorben, sondern hätten sich während einer sehr langen Zeitspanne von 300 000 Jahren allmählich verabschiedet. Mit den großen Kraftwerken sei es ähnlich, so Bucksteeg. Zwar hätten sie nur noch eine Gnadenfrist – aber eine ziemlich lange.

Die technische Erklärung für diese These trägt bei der Tagung Harald Noske vom Vorstand der Stadtwerke Hannover vor. Wenn die erneuerbaren Energien laut Beschluss der Bundesregierung bis 2050 etwa 80 Prozent des deutschen Stroms liefern sollten, ändere sich die Rolle der konventionellen Kraftwerke grundsätzlich. Sie hätten künftig überwiegend die Aufgabe, die Schwankungen der Ökostromproduktion auszugleichen und als Reserve zur Verfügung zu stehen, sagt Noske. Zwar steige der Anteil der umweltfreundlichen Energie weiter an, doch lasse sich ihre Abhängigkeit vom Wetter schwerlich verringern. Nicht zu allen Zeiten könnten Windräder und Solarparks deshalb den Strombedarf Deutschlands decken. Man habe ständig mit der »dunklen Flaute« zu rechnen. Die Folge: Die konventionellen Kraftwerke müssten »immer bereitstehen«, würden aber nur »selten benötigt«.

Und wieviele der Steinkohle-, Braunkohle- und Gaskraftwerke brauchen wir dafür später noch? Interessanterweise kaum weniger als heute, erläutert Noske. Von den insgesamt rund 160 Gigawatt (Milliarden Watt) Stromerzeugungskapazität in Deutschland stellten Kohle und Gas 2011 knapp die Hälfte – zwischen 70 und 80 Gigawatt. 2030 sähen die Zahlen so aus, nimmt Noske an: 210 Gigawatt Erzeugungskapazität insgesamt, davon gut 70 Gigawatt Kohle und Gas – gegenüber 2011 eine Abnahme, die kaum ins Gewicht fällt.

Dies ist die Ansage der Stromwirtschaft: Trotz Energiewende sollen in 20 Jahren fast ebensoviele konventionelle Kraftwerke am Netz sein wie heute! Die Konzerne, aber auch kleinere Energieversorger und Stadtwerke vertreten die These, dass die Energiewende nur funktionieren könne, wenn Deutschland zwei Erzeugungsstrukturen bereithalte: eine erneuerbare und eine konventionelle auf der Basis von Kohle und Gas. Letztere müsse zur Sicherheit zur Verfügung stehen, falls kein Wind wehe und die Sonne nicht scheine.

Bleibt die Frage: Welche konventionellen Kraftwerke? Da gibt es unterschiedliche Ansichten. Viele Stadtwerke, aber auch Anlagenbauer wie Siemens sehen die Zukunft vor allem in modernen Erdgaskraftwerken. Diese verursachen weniger klimaschädliches Kohlendioxid als Kohleanlagen, können bei Bedarf schneller hoch- und heruntergefahren werden und nutzen die eingesetzte Energie besser aus, weil sie gleichzeitig Strom und Wärme produzieren.

Aber es existiert auch die traditionelle Sichtweise – unter anderem bei den Konzernen RWE und Vattenfall. Während der BDEW-Tagung bricht Johannes Lambertz, Chef der RWE Power AG, eine Lanze für Stein- und Braunkohlekraftwerke – Neubau derselben inklusive. Diese umweltschädliche Art der Stromerzeugung sei auch in 20 Jahren noch notwendig, weil die erneuerbaren Energien »starke Partner« bräuchten. Verbandsfunktionärin Hildegard Müller unterstützt diese Sicht: »Die Braunkohle ist der einzige heimische Energieträger, der bislang kostengünstig zur Verfügung steht.«

Die konventionelle Reserve

Zur wirkungsvollen Lobbyarbeit gehört es, die eigenen Interessen nicht nur zu formulieren und in die politischen Prozesse einzuspeisen, sondern auch, sie von Wissenschaftlern untermauern zu lassen. Im Falle der Kraftwerksvisionen des BDEW hat diese Aufgabe die Gutachter-Organisation Consentec übernommen, die im Umfeld der Rheinisch-Westfälischen Technischen Hochschule Aachen arbeitet. Im Frühjahr 2011 legte Consentec ihre Studie »Bewertung der Flexibilitäten von Stromerzeugungs- und Kraft-Wärme-Kopplungsanlagen« vor, die der BDEW in Auftrag gegeben hatte. Eine zentrale Aussage: Um die Energiesicherheit zu gewährleisten, müssten die Unternehmen in Deutschland bis 2030 bis zu »32 Gigawatt an fossilen Kraftwerkskapazitäten« hinzubauen. Wenn man die konventionellen Kraftwerke dazurechnet, die bereits im Bau sind, und die Stilllegungen alter Kohle- und Gasanlagen einkalkuliert, ergibt sich daraus eine ähnliche Aussage wie die Harald Noskes von den Stadtwerken Hannover: Die konventionelle Erzeugungskapazität darf im Vergleich zu heute kaum sinken. Vielleicht muss sie sogar steigen. Diese Aussage hat sich auch die dem Bundeswirtschaftsministerium unterstehende Bundesnetzagentur zu eigen gemacht, als sie Ende 2011 den sogenannten Szenariorahmen für den künftigen Bau der neuen Stromtrassen veröffentlichte.

Stellen wir uns vor, wie dieses Energiesystem dann in 20 Jahren aussehen könnte. Gaskraftwerke, die gleichzeitig Strom und Wärme herstellen, arbeiten unabhängig vom Wetter und stellen verlässlich Energie bereit. Auch Biomasseanlagen, die Vergärungsgas aus Mais oder anderen Pflanzen verfeuern, sind rund um die Uhr im Einsatz. Hinzu kommen die riesigen Windparks in Nord- und Ostsee, zehntausende Windrotoren an Land, zusätzlich die Photovoltaik. Alle zusammen liefern zu manchen Zeiten schon mehr Strom, als die Bundesbürger verbrauchen. Allerdings gibt es auch Perioden, in denen Strom fehlt. Genau dann fahren die Energieerzeuger ihre konventionellen Kraftwerke hoch, um die Lücke zu füllen.

Aus der Sicht von Konzernen wie E.ON, RWE und Vattenfall bedeutet dies, dass sie ihre Kohle- und Gaskraftwerke am Netz halten, aber nur noch selten Strom verkaufen. Die Anlagen verursachen Kosten, sind aber schlechter ausgelastet als heute. Sie verdienen weniger Geld, ihre Wirtschaftlichkeit nimmt ab. Deshalb bereiten sich die Unternehmen darauf vor, eine neue Geldquelle für ihre möglicherweise defizitären, konventionellen Kraftwerke zu erschließen.

Dafür gibt es zwei Varianten. Entweder die Bürger werden mittels ihrer Stromrechnungen herangezogen, um einen höheren Beitrag zu den Kraftwerkskosten zu leisten, oder der Staat springt mit finanzieller Unterstützung ein. Welche Lösung man in Zukunft finden wird, steht noch in den Sternen. Aber das Problem ist heute bereits auf der Tagesordnung, wenn der BDEW über den sogenannten Kapazitätsmarkt diskutiert. Hinter diesem Begriff verbirgt sich die Idee, dass sich die Energieversorger ihre Reservekapazitäten, mithin ihre alten Kraftwerke, später auf neue Art finanzieren lassen wollen. Das wesentliche Argument: Deutschland braucht eine konventionelle Reserve, um die Versorgungssicherheit des neuen Energiesystems zu gewährleisten.

Keine Geschenke für die Konzerne

Wenn die Stromversorger also für einen hohen fossilen Beitrag zur Energiewende plädieren, hat dies zwei Hintergründe. Erstens haben die Unternehmen das Interesse, möglichst viele ihrer Kraftwerke zu retten. Und zweitens peilen sie an, sich diesen Machterhalt von der Allgemeinheit bezahlen zu lassen. Nun fragt sich, wie die Politik auf diese Ansagen reagiert. Urban Rid arbeitet als Abteilungsleiter für Klimaschutz und Erneuerbare Energien im Bundesumweltministerium. In der Hierarchie direkt unter dem Minister und den Staatssekretären angesiedelt, ist der politische Beamte einer derjenigen, die sich mit den Ansprüchen der Konzerne, des BDEW und anderer Verbände auseinandersetzen müssen. Schon zu Beginn des Gesprächs stellt Rid klar: »Die großen Unternehmen erhalten keine Gegenleistung für die Energiewende.«

Der promovierte Jurist und Ministerialdirigent trägt Sportschuhe und ein weißes Hemd mit Silberknöpfen, ohne Krawatte. Sein geräumiges, aber kärglich eingerichtetes Büro liegt im vierten Stock eines Bürogebäudes am Potsdamer Platz. Aus Rids Fenster geht der Blick zum Hauptgebäude des Umweltministeriums 100 Meter weiter, wo Minister Norbert Röttgen residiert. Der ist nicht der erste Umweltminister, für den Rid arbeitet. Er hat die vergangenen 20 Jahre deutscher Umweltpolitik unmittelbar miterlebt: Unter Minister Klaus Töpfer kam er 1992 ins BMU, dann war er ab 1994 zuständig für Umweltpolitik im Bundeskanzleramt Helmut Kohls. Aber Rid ist parteilos. Auch nach dem rot-grünen Wahlsieg 1998 blieb er in der Regierungszentrale und war Ende der 1990er Jahre an der Aushandlung des Atomausstiegs zwischen der Bundesregierung und den vier Energiekonzernen beteiligt. Darauf zurückblickend sagt Rid, dass SPD-Bundeskanzler Gerhard Schröder den Unternehmen damals durchaus Zugeständnisse als Gegenleistung für den Ausstieg gemacht habe.

Und auch CDU-Kanzlerin Angela Merkel habe die Interessen der Energiekonzerne in Form der Laufzeitverlängerung für die Atomkraftwerke noch im Herbst 2010 stark berücksichtigt, so Rid. In den Augen der Opposition war dieser Eindruck zudem entstanden, weil Regierung und Unternehmen im Anschluss an die Laufzeitverhandlungen einen Zusatzvertrag über die Abschöpfung der Gewinne ausgehandelt hatten, der der Öffentlichkeit zunächst nicht bekannt war.

Aber »diesmal – 2011 – war das Drehbuch anders«, sagt Rid. Er meint: Die Regierung wollte nicht noch einmal den Eindruck provozieren, den Konzernen ungerechtfertigt entgegenzukommen. Außerdem gab es die Katastrophe von Fukushima. Von einem Tag auf den anderen waren die Betreiber der Kernkraftwerke in der Defensive und hatten kaum mehr Spielraum für Verhandlungen.

»Nun müssen sich die Konzerne neu erfinden«, sagt Rid. Das klingt, als glaube er nicht unbedingt daran, dass diese Umorientierung gelinge. »Der zu den erneuerbaren Energien komplementäre Kraftwerkspark muss künftig ganz anders aussehen als heute.« Die Kernkraft sei ohnehin aus dem Rennen, aber auch die Stromerzeugung mit Kohle habe keine Zukunft. Begründung: Diese Anlagen ließen sich kaum in kurzen Abständen hoch- und wieder herunterfahren. Die notwendige Flexibilität, die Stromlücken der erneuerbaren Produktion zu füllen, brächten höchstens moderne Gaskraftwerke auf. Außerdem müssten die Unternehmen viel mehr Kraft in die Entwicklung des intelligenten Stromnetzes investieren, damit man später Energieangebot und Nachfrage besser aufeinander abstimmen könne.

In der vom Firmenverband BDEW in Auftrag gegebenen Consentec-Studie sieht Rid eher den Versuch der Unternehmen, diesen notwendigen Prozess der Anpassung an die neue Zeit zu verzögern. Manche Aussagen der Studie hält er für abenteuerlich. In diese Kategorie fällt die These der Consentec-Gutachter, dass auch in 20 Jahren noch ähnlich viele fossile Kraftwerke wie heute am Netz sein müssten. Aus mehreren Gründen halten Urban Rid und auch sein Unterabteilungsleiter Franzjosef Schafhausen diese Einschätzung für falsch.

Einmal würden die Consentec-Gutachter und der BDEW die möglichen Wirkungen der Energieeinsparung unterschätzen, so Schafhausen. Die Bundesregierung gehe davon aus, dass der Stromverbrauch in Deutschland bis 2030 um etwa fünfzehn Prozent sinke. Es bestehe die Chance, dass der Energiebedarf abnehme und damit auch manches Kraftwerk überflüssig werde.

Und außerdem betrachteten die Freunde der fossilen Energien die vermeintliche Gefahr der »dunklen Flaute zu eindimensional und zu gegenwartsbezogen«, sagt Schafhausen. Durch den Einsatz neuer Techniken werde die Versorgung mit erneuerbaren Energien später weniger schwankungsanfällig sein als heute. Dazu gehört, dass Biogaskraftwerke, die gleichzeitig Strom und Wärme herstellen, unabhängig vom Wetter Strom produzieren. Dazu gehört aber auch, dass Elektrizität aus Windparks künftig in der Form von Methan oder Wasserstoff gespeichert werden kann. Durch diese Entwicklungen können die erneuerbaren Energien in Zukunft heutige Grundlastkraftwerke, die mit Kohle und Gas laufen, ersetzen.

Am Ende siegt der Profit der Vielen

Diese Sichtweise drückt sich in unterschiedlicher Deutlichkeit in zahlreichen Studien aus, die den Prognosen von Consentec entgegenstehen. So kommen die Institute Prognos, EWI und GWS in ihren Energieszenarien (im Auftrag der Bundesregierung) zu geringeren Werten als Consentec.[15] Im Jahr 2030 stellen die fossilen Energien demnach vielleicht noch 65 Gigawatt bereit – gegenüber knapp 80 Gigawatt 2008. Den größten Anteil davon übernehmen später Gasturbinen und Kraft-Wärme-Kopplungsanlagen. Braun- und Steinkohle spielen allenfalls noch die Rolle einer Nischenenergie. Und das Fraunhofer-Institut Iwes in Kassel beschreibt in seinen Energie-Leitstudien im Auftrag des Umweltministeriums eine noch ehrgeizigere Reduktion der fossilen Energieträger.[16]

Franzjosef Schafhausen fasst die Sache so zusammen: »Consentec betrachtet die Entwicklung sehr stark durch die Brille der Gegenwart. Die Energiewende besteht aber auch darin, dass neue Ideen entwickelt und ausprobiert werden. Vieles ist noch nicht ausgereift. Wenn wir aber gar nicht erst versuchen, eine umweltfreundliche Energieversorgung aufzubauen, kann dies auch nicht gelingen.«

Der Streit um die Energiewende ist in vollem Gange. Mit dem Atomausstieg und dem Energiekonzept der Bundesregierung von 2011 ist der Startschuss zwar gefallen, aber wie schnell die Wende schließlich kommt, erscheint nicht ausgemacht. Was die Stromproduktion betrifft, rechnen alle Seiten damit, dass die Konzerne mit ihren konventionellen Kraftwerken später nicht mehr 80 Prozent der Energie liefern so wie heute, sondern deutlich weniger als 50 Prozent. Und funktioniert die Energiewende wirklich, könnte der Anteil der konventionellen Erzeugungsarten bis 2050 nahe Null sinken. Allerdings versuchen die alten Unternehmen den Tod ihres Geschäftsmodells so lange wie möglich hinauszuzögern. Wenn politisch durchsetzbar, halten sie ihre fossilen Anlagen länger am Netz als nötig und bauen mehr neue als wünschenswert.

In einem demokratischen Rechtsstaat wie dem deutschen ist der Einfluss der Politik auf solche Investitionsentscheidungen von Unternehmen begrenzt. Darüber entscheiden diese vor dem Hintergrund von Preisen, Renditen und anderen Marktgesichtspunkten. Sicherlich setzen die Regierungen und Parlamente Rahmenbedingungen – und diese sehen nicht unbedingt günstig aus für große konventionelle Kraftwerke. Der europäische Emissionshandel macht ihre Abgase teurer und die vorrangige Einspeisung des Ökostroms in die Netze verdrängt ihr Energieangebot. Aber auch die Konzerne besitzen Macht. Durch ihre Investitionsentscheidungen und Kraftwerksplanungen üben sie Druck auf Politik und Öffentlichkeit aus. Ein Kalkül dabei ist, die Energiewende zu bremsen. Nach dem Motto: Steht das neue Kohlekraftwerk mit seinen Arbeitsplätzen erst, wird es schon gelingen, es einige Jahrzehnte in Betrieb zu halten. Und vielleicht spielt bei manchen Energiemanagern, aber auch bei manchen Politikern die Überlegung eine Rolle, dass die Energiewende ein Produkt des Zeitgeistes sei. Warum sollte man sie nicht zurückdrehen, untergraben oder für die eigenen, konträren Zwecke missbrauchen können?

Ob die Energiewende gelingt, wird das Ergebnis eines gesellschaftlichen Aushandlungsprozesses sein, den viele Beteiligte mit harten Bandagen führen. Trotzdem, so schätzt Josef Göppel, sei der Zeitenwechsel nicht mehr aufzuhalten.

Was macht ihn so sicher? Josef Göppel, Jahrgang 1950, ist gelernter Förster. Noch heute, nachdem er fast zehn Jahre als direkt gewählter Abgeordneter des nordbayerischen Wahlkreises Ansbach/Weißenburg-Gunzenhausen im Bundestag sitzt, tragen seine breiten Hände die Merkmale körperlicher Arbeit. Göppel ist einer derjenigen, die jahrzehntelang als krasse Außenseiter ihren Parteichefs – zumal in der bayerischen CSU – auf die Nerven gingen, trotzdem nicht wegzukriegen waren und nun allmählich die Früchte ernten.

Göppel erinnert sich an den Beginn der 1980er Jahre. Damals setzte er als Mitglied des Bezirksparlaments von Mittelfranken durch, dass in einer landwirtschaftlichen Ausbildungsstätte ein paar kleine Ökoenergieanlagen zu Demonstrationszwecken gebaut wurden. Einige Solarmodule lieferten Strom, den der örtliche Energieversorger in sein Netz einspeiste und bezahlte. Ein Elektrolyseur spaltete mit Hilfe des Sonnenstroms Wasser in Sauerstoff und Wasserstoff. Letzterer spendete, im Erdgasnetz weitertransportiert, Energie für Heizungen. Außerdem gab es eine Biogasanlage, die Methan für die Herde der Lehrküche produzierte. Alles nicht groß, aber ziemlich einmalig. Hunderte Bauernsöhne und -töchter, die die Lehranstalt besuchten, lernten von da an, was man mit Energie in einem landwirtschaftlichen Betrieb alles anstellen kann.

Ein paar Jahre später bauten manche Bauern die ersten kleinen Windräder und Biogasanlagen auf ihren Höfen. In letzteren gewannen sie aus Viehmist Methan, mit dem sie Heizungen und Stromaggregate antrieben. Das ist das Prinzip, das Göppel früh erkannte: Umweltschutz wird interessant, wenn er Ersparnis oder Einnahmen bringt.

Im Gespräch wartet der Bundestagsabgeordnete der CSU mit erstaunlichen Zahlen auf. Mittlerweile stamme 63 Prozent des Stroms im Landkreis Ansbach aus erneuerbaren Quellen. Im Jahr 2010 hätten knapp 10 000 dezentrale Ökoenergieanlagen rund 160 Millionen Euro Einnahmen erzielt. Umgerechnet auf die 180 000 Bewohner des Landkreises ergibt das pro Kopf etwa 1 000 Euro – statistisch betrachtet. Für tausende Bürger, denen die Ökokraftwerke gehören, macht sich die Energiewende tatsächlich bezahlt. Sie trägt einen merklichen Anteil zum Einkommen bei. »Man kann eine Sache durchsetzen, wenn viele Menschen ein wenig daran verdienen«, betont Göppel noch einmal.

Mittlerweile zieht die Energierevolution in der Region weitere Kreise. Es werden Genossenschaften gegründet, die gemeinschaftlich Windräder neuester Generation errichten. Fast jeder kann sich beteiligen, das Einstiegskapital beträgt minimal 500 Euro pro Kopf.

Hat man es hier nicht eigentlich mit der Vergesellschaftung der Produktionsmittel zu tun? Göppel mustert amüsiert den fragenden Großstadtmenschen. Seine Tradition ist eine andere – aber sie entstand in der gleichen Zeit wie der Kommunismus und wegen ähnlicher Probleme. Göppel bezieht sich auf Friedrich-Wilhelm Raiffeisen, den Begründer der agrargenossenschaftlichen Bewegung im 19. Jahrhundert. Damals begannen Bauern gemeinsam zu wirtschaften, um sich gegenseitig vor Hunger und Elend zu schützen. Göppel sagt, dass die Energiewende durch die Kombination mit der Raiffeisen-Tradition enorm an Durchschlagskraft gewonnen habe: »Im konservativsten Dorf muss man nichts mehr erklären, wenn der Name Raiffeisen fällt. Das versteht jeder sofort.«

Und wie geht es jetzt weiter mit der Energiewende? »Potenziell leben in Deutschland zehn Millionen Stromproduzenten«, sagt Göppel, »sehr viele Menschen werden mit Ökoenergie Geld verdienen. Diese Welle können die Konzerne nicht mehr stoppen.«

7 Vom Atomkonzern zum grünen Pionier – schafft EnBW die Wende?

Neuerdings ruft der Ravensburger Landrat Kurt Widmaier, genannt Jack, öfter beim grünen Landtagsabgeordneten Manfred Lucha an. Diesmal ging es um allerhand und am Ende darum, ob man sich morgen Abend bei einer Veranstaltung sehe.

»Kommsch du au, Jack?«, fragte Lucha.

Leider nein, er könne nicht. »I muaß mit dr CDU wandera«, sagte Widmaier. »Derf ich des noch?«

Ein Scherz. Ein CDU-Landrat muss seinen grünen Kollegen nicht um Erlaubnis fragen, wenn er wandern will. Noch nicht. Aber, wie das mit solchen Bemerkungen so ist: Dahinter steht eine veränderte Wirklichkeit, seit am 27. März 2011 nach 58 Jahren die CDU-Landesregierung abgewählt wurde und der erste grüne Ministerpräsident Deutschlands ausgerechnet in Baden-Württemberg regiert. Allerdings mit 24,2 Prozent Grünen-Stimmen und mit einer wirtschaftsnahen SPD – und gegen 39 Prozent CDU-Wähler.

Widmaier, Jahrgang 1950, ist nicht nur Landrat eines prosperierenden Kreises, er ist auch Vorsitzender des Verwaltungsrates des Zweckverbandes Oberschwäbische Elektrizitätswerke (OEW). Die OEW hält 46,55 Prozent der Anteile des börsennotierten Energieversorgungsunternehmens Energie Baden-Württemberg (EnBW), genauso viel wie das Land Baden-Württemberg über die landeseigene Neckarpri GmbH. Die EnBW ist der drittgrößte Energiekonzern Deutschlands und war dank seiner Atomkraftwerke eine Gelddruckmaschine.

Nun muss das grün regierte Baden-Württemberg daraus einen Staatskonzern für erneuerbare Energien machen. Dieser Umbau ist entscheidend für die Stromwende in Deutschland. Aber geht das überhaupt? Und wie geht das, wenn der Mitbesitzer Oberschwäbische Elektrizitätswerke (OEW) in der Hand von superkonservativen CDU-Landräten ist?

Die unmittelbarsten Folgen des Umbaus eines bisherigen Atomkonzerns hin zu einem Energieunternehmen, das zukünftig hauptsächlich Strom aus erneuerbaren Ressourcen verkaufen soll, betreffen 20 000 Mitarbeiter und sechs Millionen Kunden von EnBW. Für die Energiewende im südwestlichen Atomstrombundesland kommt es dabei entscheidend auf die neun oberschwäbischen Landräte an, deren Landkreise an der OEW beteiligt sind – und darauf, ob und wie sie das mit den Regierungsgrünen in Stuttgart hinkriegen. Sieben dieser neun Landräte sind von der CDU, darunter Widmaier, dessen Landkreis Ravensburg mit 21,8 Prozent größter Anteilseigner ist. Es folgen der Alb-Donau-Kreis (20,9 Prozent), der Bodenseekreis (15,8), der Landkreis Biberach (11,1), der Zollernalbkreis (8,7) sowie die Landkreise Rottweil (6,5), Sigmaringen (6,2), Freudenstadt (5,0) und Reutlingen (3,8).

2010 meldete die EnBW noch einen Rekordgewinn von 1,17 Milliarden Euro. Der Jahresumsatz betrug 17 Milliarden Euro. Zum Vergleich: E.ON hatte einen Umsatz von 85 Milliarden, RWE 53 Milliarden. 90 Prozent des EnBW-Umsatzes verdankten sich dem Bereich Strom, darunter vor allem auch dem Geschäft mit 149 000 Kilometer Stromnetz. 1,7 Milliarden entfallen auf Gas, der Rest ist vernachlässigbar. Über die Hälfte des Stromes war Atomstrom. Dazu kamen 34,5 Prozent fossiler Strom und zehn Prozent Erneuerbare, vor allem Wasserkraft.

Nach den ersten drei Quartalen 2011 meldete EnBW einen Konzernfehlbetrag von 552 Millionen Euro. Als Grund nannte man die Brennelementesteuer und vor allem die Abschaltung von zwei der vier baden-württembergischen AKW, nämlich Neckarwestheim 2 und Philipsburg 2. Neckarwestheim 1 soll nach der Wiederherstellung des Atomausstiegs durch die CDU/FDP-Regierung bis 2022 laufen, Philipsburg 1 bis 2019. Damit wird man auch Einsparungen und Stellenabbau begründen – und nicht etwa mit Versäumnissen der Vergangenheit.

In den letzten Jahren waren am Jahresende jeweils über zwölf Millionen Euro für jeden oberschwäbischen Landkreis übriggeblieben. Das ist nun genauso passé wie die Kalkulation des letzten CDU-Ministerpräsidenten Stefan Mappus, der die EnBW-Anteile Ende 2010 mittels eines laut Staatsgerichtshof verfassungswidrigen Vorgehens am Parlament und selbst seinem Finanzminister vorbei vom französischen Atomstaatskonzern Electricité de France (EdF) für 4,7 Milliarden Euro zurückgekauft hatte – auf Pump. Mappus hatte den Leuten versprochen, man könne die Kreditzinsen durch die Atomgewinne finanzieren. Er stand zu dem Zeitpunkt wegen seines Umgangs mit der Bürgerbewegung gegen das Verkehrsprojekt Stuttgart 21 politisch schwer unter Druck und hoffte offenbar, mit dem Rückerwerb der von seinem Vorvorgänger Erwin Teufel 1999 verkauften Konzernbeteiligung die Landtagswahl doch wieder gewinnen zu können. Was er damit inhaltlich bezweckte, ist wie so vieles bei Mappus schwer zu sagen.

Es ist jedenfalls eine schöne Ironie der Geschichte, dass die Grünen nun den skandalösen Mappus-Deal geerbt haben und nicht nur einfach die AKW abgeschaltet bekommen, wie sie es immer gefordert haben. Sie müssen nun außerdem schauen, wie sie mit ihrem Atomstaatskonzern das Ende der Atomkraft in Baden-Württemberg auch haushälterisch meistern. Wie sie künftig den Energiebedarf organisieren und sicherstellen. Wie sie den Industriestandort und seine Arbeitsplätze erhalten und dabei umsteuern.

Die harten Jahre stehen bevor

Was die oberschwäbischen Landkreise angeht, so soll jeder zwar auch 2012 immerhin noch acht Millionen Euro abbekommen, aber in etwas mehr als einem Jahrzehnt wird die EnBW nach Beschlusslage der Regierung überhaupt keinen Atomstrom mehr verkaufen können. Das heißt: Die harten Jahre beginnen erst.

Interessanterweise wird in kaum einem Hintergrundgespräch zum Thema viel Substantielles erzählt. Entweder man will nicht – oder man kann nicht. Dass aber die Landräte kapiert hätten, dass es hart wird, das sagt jeder. Und dass es auf keinen Fall um Ideologie gehe. »Die sind vielleicht nicht besonders happy, aber es gibt keinen einzigen müden Ansatz, um etwas zu blockieren«, heißt es. Klar, man hat jahrzehntelang die Atomhardliner gegeben, aber damit verdiente man ohne große Anstrengungen Unmengen von Geld, das man segensreich über die Landkreise ausgießen konnte. Zum Wohl der Bürger, der Kultur und der barocken Bauwerke in dieser gottgesegneten und gottesfürchtigen Gegend, in der das »C« in CDU noch wichtig ist, die katholischen Gebräuche noch gepflegt werden, die Volksmusik und manche Vorurteile auch, und nicht nur der Papst, sondern ein bisschen auch der CDU-Landrat der Stellvertreter des Herrn ist.

Man wusste einfach bei der »Baden-Württemberg-Partei« CDU, was gut war für die Leute, dazu brauchte man sie nicht extra zu fragen. Partizipation, und sei es nur an Information, hatte hier nicht den Stellenwert anderer Traditionen, und die regionale *Schwäbische Zeitung* widersetzte sich diesem Stil des im Verborgenen Gestaltenden – schwäbischer Fachausdruck: »hälinga« – auch nicht gerade löwenhaft, um es mal vorsichtig zu formulieren.

Widmaiers Vorvorgänger als OEW-Chef war der berühmte Landrat Wilfried Steuer aus Biberach. »Atom-Steuer« nannte man ihn, weil er auch mal Präsident des Interessenverbandes Deutsches Atomforum war und den Atomausstieg genauso entschieden ablehnte wie die Ökosteuer. Aber wenn die Oberschwaben auch Anfang 2011 noch Atomfreaks waren, dann betriebswirtschaftlich motiviert, nicht ideologisch. Das Geschäft war einfach zu gut. Und die AKW der EnBW standen und stehen ja auch relativ weit weg.

Ob die Oberschwaben die neue Zeit eines grünen Ministerpräsidenten gut finden? Das ist doch gar nicht das Thema. Das Thema ist, dass der Landrat Widmaier zwar seinen CDU-Landtagsabgeordneten anrufen könnte, aber was sollte das bringen – ihm und seinem Landkreis? Der Schwarze sei abgemeldet und da ist es doch logisch, dass er, wenn er nicht ganz blöd ist (und das ist er ja nicht), den Grünen Lucha anrufe, wenn er was will. Weil der jetzt den kurzen Draht in die Staatskanzlei hat oder in das entsprechende Ministerium. Soll heißen: Das sind Pragmatiker. Und solche brauche man jetzt, damit die Schwarzen in Oberschwaben – wo die CDU bei der Landtagswahl teilweise immer noch über 50 Prozent einfuhr – und die neuen Herren in Stuttgart das zusammen hinkriegen. Widmaier, im Speziellen, heißt es bei den Grünen, sei ein »pragmatischer Spitz« und »weltanschaulich vergleichsweise zulassend«. Da trifft es sich, dass es bei den bürgerlich-dominierten Baden-Württemberg-Grünen diese Gattung durchaus auch gibt.

Da ist die nächste Frage, ob die Landräte denn eine »Strategie« zum Umbau des Atomkonzerns haben? Ist ihnen klar, wie groß das Problem ist – und dass es längst nicht nur auf die Wiederherstellung des Atomausstiegs zurückzuführen ist, sondern auf die Versäumnisse des letzten Jahrzehnts, von denen sie ironischerweise bisher gut gelebt haben?

Dahinter steht indes die größere Frage, ob denn überhaupt jemand einen Masterplan zum Umbau der EnBW hat. Die meisten, die man fragt, ohne sie zitieren zu dürfen, bezweifeln es.

Im Manifest von EnBW auf der Website heißt es: »Um den zukünftigen Anforderungen aus Markt, Politik und Gesellschaft gerecht zu werden und die Energiewende aktiv zu gestalten, hat sich die EnBW eine klare Fokussierung zum Ziel gesetzt. Wir konzentrieren uns dabei auf zwei strategische Stoßrichtungen: die Sicherung der CO_2-armen Erzeugung sowie die Etablierung von Angeboten für dezentrale Lösungen.«[17] Was die »CO_2-arme Erzeugung« angeht, so soll sie »im Wesentlichen über Großanlagen« erfolgen – das klingt nicht sehr dezentral.

Erst mal die Richtung angeben

Der große Energieexperte der grün-roten Regierung und Zuständige für die Energiewende ist der Grüne Umweltminister Franz Untersteller. Noch vor einem Jahr erzählte der damalige CDU-Ministerpräsident Mappus feixend bei jeder Gelegenheit, die spinnerten Grünen wollten Windenergie, dabei wehe im Lande doch gar kein Wind. Lächerlich. Auch dies immer unter der Prämisse, den Atomstandort so lange wie möglich zu sichern. Nun muss Untersteller den von ihm veranschlagten zehnprozentigen Anteil der Windenergie fast komplett aufbauen: Er muss sich um die Speicherfrage kümmern, die Netzfrage und all jene Dinge, über die er seit zehn Jahren im Landtag geredet hat, während die CDU-Fraktion bestenfalls lachte.

Was die EnBW angeht, muss er sich – zumindest offiziell – wegen seines Amtes und der damit verbundenen Atomaufsicht raushalten. Aber soviel sagt er schon: Erneuerbare stark ausbauen, Energieeffizienz als Geschäftszweig besetzen, in flexible Gaskraftwerke investieren. Schon als Oppositionspolitiker hatte er neben der Fixierung auf Atomkraft den mangelnden Zugang zum Gasmarkt stets als zweiten großen Nachteil des Konzerns ausgemacht. In der Opposition hatten die Grünen immer behauptet, EnBW habe »die letzten zehn Jahre verschlafen«. Als Besitzer wäre so eine Aussage heute geschäftsschädigend. Was nicht heißt, dass sie nicht mehr stimmt.

In einem ersten Schritt einigten sich die Grünen und die oberschwäbischen Besitzer darauf, den Vorstandsvorsitzenden Hans-Peter Villis nach Ablauf seines Vertrages 2012 auszutauschen. Villis, vormals E.ON, war ein ausgewiesener und begeisterter Atomkraftmanager, was in die alte Zeit passte, aber nun in die neue gar nicht mehr. Das wurde auch den ihn lange stützenden Landräten klar oder klargemacht, sodass Villis Ende 2011 erklärte, er stehe für eine Vertragsverlängerung nicht zur Verfügung. Die Sache lief erstaunlich geräuschlos ab und damit ohne negative Auswirkung auf Medienrealität und den ohnehin gebeutelten Börsenkurs. In einem zweiten Schritt einigte man sich darauf, in einen Umbau zu investieren und zwar zunächst je 400 Millionen Euro. Das wird zwar bei weitem nicht reichen, soll aber demonstrieren, dass man verstanden hat: »Wir haben in den guten Jahren enorm von der Mitgliedschaft in diesem Verband profitiert, jetzt ist es an uns, auch die mageren Jahre mit unserem Unternehmen durchzustehen«, sagte Landrat Widmaier.

Zudem hat man seit Ende 2011 angefangen, Beteiligungen zu verkaufen, um sich etwas Spielraum für neues Handeln zu verschaffen. Im dritten Schritt peilt man neue Kooperationen an. Zum Beispiel solche wie bei jenem Solarpark, den man für das Projekt Nachhaltige Stadt Leutkirch mit örtlichen Partnern projektiert hat. Und dann selbstverständlich Offshore, wo die EnBW immer darauf hinweist, dass man ja mit Baltic 1 den ersten kommerziellen Windpark in der Ostsee habe und mit Baltic 2 ein viermal so großes Nachfolgeprojekt. Und zwei Windparks in der Nordsee plane.

Stimmt, aber bisher läuft nur das relativ kleine Baltic 1. Erneuerbare war und ist für EnBW hauptsächlich Wasserkraft.

Pragmatiker an die Macht

Hans-Josef Fell ist energiepolitischer Sprecher der Grünen im Bundestag und zusammen mit dem 2010 verstorbenen Hermann Scheer Protagonist des Erneuerbare-Energien-Gesetzes des rot-grünen Bundestages. Im Gegensatz zu vielen anderen Grünen ist Fell ein radikaler Vertreter der dezentralen Energiewende. Wie passt da ein Großkonzern wie EnBW rein – auch wenn er teilweise einer grün geführten Landesregierung gehört?

»Ich glaube, dass ein Konzern sich ändern kann«, sagt Fell. Das sei »schwer, aber möglich«. Der entscheidende Unterschied besteht für ihn darin, dass im Gegensatz zur früheren baden-württembergischen Landesregierung die jetzige grün-rote Regierung diese Energiewende nun wolle und aktiv vorantreibe. Der Konzern müsse sich »als Teil der Energiewende verstehen«. Dafür brauche es entsprechende Leute in Aufsichtsrat und Vorstand, die eben nicht daran feilen, doch noch Kohlekraftwerke bauen zu können oder die Atomkraftwerke doch noch länger laufen lassen zu können, sondern entschlossen umsteuern. Im Übrigen habe die EnBW gar keine Wahl: »Die Energiewende funktioniert auch ohne die EnBW.«

Unter Energiewende versteht Fell weniger, dass die EnBW in der Nord- und Ostsee riesige Offshore-Anlagen betreibt. Der Konzern müsse sich vor allem auf das »mühselige Geschäft« der dezentralen Stromversorgung einlassen, etwa Dienstleister für stromproduzierende Bürger werden, ihnen Photovoltaikanlagen auf die Dächer bauen beziehungsweise dafür die Investitionskosten übernehmen oder die nötigen Verteilnetze ausbauen. »Konzerne, die nicht schnell das mühselige dezentrale Geschäft anfangen, werden unter die Räder kommen«, sagt Fell.

Den oberschwäbischen Landkreisen rät er, sich nicht auf Windräder in der Nordsee zu fixieren, sondern die Windräder bei sich im schönen Oberschwaben hinzustellen. Heißt: Als Landkreis nicht auf die Ausschüttung der EnBW zu warten, sondern Bürgerkapital einzusammeln und selbst aktiv zu werden. In seiner Vorstellung der Welt von morgen schaffen diejenigen Wertschöpfung über Energieproduktion, die sie in den eigenen Regionen binden. »Und die anderen nicht.«

Fell gehört zu den wenigen Grünen-Politikern, die die Energiewende nicht nur predigen, sondern selbst leben, in einem Energieplushaus, das den Wärme- und Strombedarf der Familie komplett deckt. Für das Elektroauto reicht der eigene Ökostrom auch noch. Und er gehört zu den Menschen, denen beim Anblick von Windrädern nicht das Messer in der Tasche aufgeht, sondern das Herz. Dennoch weiß er selbstverständlich von den Bürgerbewegungen gegen erneuerbare Energien – etwa aus Gründen der Ästhetik oder des Tierschutzes. Er hält das Thema für meist »übertrieben«. Andere Befürworter der dezentralen Energiewende sehen Agitatoren am Werk, die die Leute gegen Windkraft vor Ort aufwiegeln, um offshore Windkraft in großem Rahmen durchsetzen zu können und so die Macht- und Konzernstrukturen zu erhalten.

Aus Fells Sicht sind die Bürger vor Ort bereits jetzt nicht treibende Kraft gegen, sondern für die Energiewende – wenn sie denn selbst etwas davon haben. Wobei »etwas« nicht nur Beteiligung, sondern vor allem auch Geld meint.

Im Aufsichtsrat von EnBW sitzen nun fünf Vertreter der grün-roten Regierung und fünf Vertreter der Landräte, darunter Widmaier und sein einflussreicher Stellvertreter Heinz Seiffert, der CDU-Landrat des Alb-Donaukreises. Dazu kommen zehn Arbeitnehmervertreter. In diesen Aufsichtsrat hat die SPD ihren Finanz- und Wirtschaftsminister Nils Schmid geschickt. Der soll und muss in dieser Funktion prioritär die aktuellen Kosten des Landes im Blick haben – einer der vielen Zielkonflikte im Zusammenhang mit dem Konzernumbau. Die Grünen haben die Staatsministeriums-Managerin im Ministerrang und vormalige Landesvorsitzende Silke Krebs entsandt. »Die Silke« soll für kurze Wege sorgen – und ihre Benennung unterstreichen, dass EnBW auch für den Ministerpräsidenten sogenannte Chefsache ist. Wie ernst oder realistisch das ist, wird man an der Benennung von Villis' Nachfolger sehen – einer Personalie, der symbolisch und qualitativ enorme Bedeutung zukommt.

Kretschmann hat zudem mit einem persönlichen Anruf die ehemalige Bundesvorstandssprecherin der Grünen, Gunda Röstel, für den Aufsichtsrat gewonnen – aus seiner Sicht vermutlich eine Idealbesetzung, da zum ersten Frau, zum zweiten Reala, zum dritten vom Fach. Die Sächsin Röstel ist seit 2000 in der Wirtschaft tätig, inzwischen als Managerin bei der privatisierten Stadtentwässerung Dresden, einer Gelsenwasser-Tochter. Gelsenwasser gehörte früher zu E.ON, und der damalige E.ON-Finanzvorstand Villis begrüßte es ausdrücklich, als die von den Turbulenzen der Grünen Regierungszeit gebeutelte Röstel als Lobbyistin zu Gelsenwasser wechselte.

Weshalb Röstel auch von manchen Grünen gern zu jener Gruppe von Dissidenten gezählt wird, die früher das Gute wollten und dann vom Bösen eingekauft wurden. Für jene ist speziell ihr früherer Bundestags-Fraktionsvorsitzender Rezzo Schlauch ein gefallener Engel, weil er nach seiner politischen Karriere bis 2010 im EnBW-Beirat saß. Schlauch pflegte zwar immer darauf hinzuweisen, dass er dort die erneuerbaren Energien voranbringen wolle. Aber deren Logik war: EnBW ist böse, also ist auch ein Beiratsmitglied böse.

»Wenn wir die Gesellschaft ökologisieren wollen, dann braucht es Konzerne und Menschen, die das können«, sagt der Grüne Energieexperte Hans-Josef Fell. »Für einen Atom-CDUler gilt es als okay, wenn er in einen Beirat geht. Da braucht man sich nicht zu wundern, wenn dort gedacht wird, wie gedacht wird.« Er habe im Fall Schlauch stets gesagt, er »wäre froh, es würde nur Grüne im Beirat geben«. Vom Ideologisieren abzulassen und sich dem Professionalisieren zu widmen – das ist jedenfalls nicht nur für oberschwäbische Landräte angesagt.

Schwarz-grüne Synergien

Die Grünen sind außerdem nicht allein im Aufsichtsrat. Und zum zweiten sind sie dort, um aus Unternehmens- und Aktionärssicht zu rechnen und sicherzustellen, dass »es sich rechnet« – ob das ein Gaskraftwerk ist (das sich im Moment definitiv nicht rechnet) oder Offshore-Anlagen. Und da stellen sich ihnen viele Fragen, die zum Gesamtpaket einer Energiewende gehören und längst nicht beantwortet sind, von deren Beantwortung es aber abhängt, ob und wie bei EnBW investiert wird. Der Goldesel, der jahrelang 24 Stunden am Tag Gold geschissen hat, hat Verstopfung. Früher hätte man das Geld gehabt, jetzt fehlt es. »Aber zeigen Sie mir das Unternehmen, das in sicheren Bahnen läuft und gutes Geld verdient und trotzdem entscheidend umsteuert. Das werden Sie nicht finden«, sagt ein Mitglied des EnBW-Aufsichtsrates. »Am Ende geht es um Erträge, und das ist bei den Stadtwerken nicht anders als bei den Konzernen.«

Die Zukunft sieht man in diesem Aufsichtsrat als eine Mischung aus zentral und dezentral. Große Strukturen bleiben für große Projekte, die für Stadtwerke oder Bürger nicht zu stemmen seien oder nicht wirtschaftlich, weil nicht groß und synergetisch genug. Dazu kommt das Neue, also der Verkauf von Dienstleistungen und Knowhow, sowie Kooperationen mit den Stadtwerken, die EnBW bisher indes eher als Feind sahen. Auch viele Kommunen sind nicht gut auf EnBW zu sprechen und werden versuchen, sich ihre Netze zurückzuholen, mit denen der monopolistisch agierende Konzern bisher sein Hauptgeschäft gemacht hat.

Baden-Württemberg ist ein Industrie- und Wirtschaftsland und damit ein Energiegroßverbraucher. »Baden-Württemberg ist wie eine Drehscheibe«, sagt der Aufsichtsrat, »wenn die Energiewende dort gelingt, sind wir guter Hoffnung, dass man sie in Deutschland hinkriegt. Und wenn sie in Deutschland gelingt, dann kann es ausstrahlen auf andere Länder.« Oder andersherum: Wenn sie in Baden-Württemberg nicht gelingt, wird es eng.

Es gibt selbstverständlich auch Insider, die EnBW gar nicht mehr auf der Rechnung haben, wenn sie über die Zukunft der deutschen Energiekonzerne sprechen. Tenor: Immer nur auf Atomkraft gesetzt und keinen Plan B, das war's.

Aber es gibt auch eine Sichtweise, nach der die neue Zusammenarbeit zwischen Grünen und oberschwäbischen Schwarzen das Beste ist, was der EnBW (unter den gegebenen Umständen) passieren konnte. Weil die grün-rote Regierung die Energiewende mit ihrem Energiekonzern verknüpfen muss und die Politik des Landes mit der Politik der Kommunen. Und weil die Oberschwaben Sicherheit und Berechenbarkeit beisteuern, die Qualität »aus den Regionen heraus zu denken« und die Bereitschaft, über das nächste Quartal hinauszuschauen.

Die Landräte sind keine eiskalten Turbokapitalisten? »Natürlich nicht«, sagt ein grüner Beteiligter.

Was sind sie dann, mitfühlende Konservative? »Intelligente Konservative.«

Weniger begeisterte Insider differenzieren allerdings zwischen den Landräten, »die den Kopf einschalten« und denen, die es damit eher nicht hätten. Zu letzteren wird »Jack« Widmaier gerechnet.

Ravensburgs grüner Landtagsabgeordneter Manfred Lucha sieht das anders. Lucha ist Energieexperte, er will die EnBW als Grüner und als Oberschwabe retten. Für ihn ist Widmaier der Mann, der verstanden hat. »Die Aufklärung ist in Oberschwaben angekommen«, sagt er, »und der Jack repräsentiert diese Aufklärung.« Sein Wort in Gottes Ohr.

8 Demokratie als Stolperstein der Stromwende – Bürger machen mobil

Bei Wolfgang Schulze zu Hause ist es gemütlich. Dicke rote Sessel beherrschen das Wohnzimmer, dunkles Holz an den Wänden, gebastelte Weihnachtssterne im Fenster, eine Pyramide mit Kerzen auf der Fensterbank. Aber der Blick nach draußen hat etwas Beunruhigendes, findet der Hausherr. Das bürgerliche Zweifamilienhaus aus den 1970er Jahren steht erhöht am Hang des Vorharzes mit Blick über das Tal der Leine. Wer vom Balkon aus nach rechts schaut, sieht in geringer Entfernung mehrere Stromkabel, die sich zwischen niedrigen Masten über die Nachbarhäuser hinwegschwingen. »Bahnstrom«, sagt Schulze, der pensionierte Eisenbahner: Elektrizität für die Zuglinie unten am Fluss. Auf den Hügeln jenseits des Tales steht ein Dutzend Windräder. Weitere sollen hinzukommen. Links schließlich, 700 Meter entfernt, verläuft die Betontrasse der ICE-Strecke zwischen Hannover und München. Auf Dutzenden Pfeilern zieht sich die Brücke in einem weiten Bogen übers Tal. So kann das sein auf dem Land: Es steht ziemlich viel Infrastruktur in der Landschaft herum.

Und jetzt soll auch noch diese neue Leitung gebaut werden. Vom Wohnzimmerfenster aus erklärt Schulze: Die Masten der Höchstspannungsleitung stünden dann doppelt so hoch im Tal wie die Schnellbahntrasse. Etwa 70 Meter in die Höhe würden sie ragen, ungefähr so wie ein Hochhaus mit 16 Stockwerken. Das kommt Schulze monströs vor. Würde diese Stromtrasse tatsächlich errichtet, wäre Kreiensen, die Gemeinde im südlichen Niedersachsen, nicht mehr das Städtchen, das er liebgewonnen hat.

Deswegen kämpft Schulze, Jahrgang 1948, gegen den Bau der Stromleitung. Bundesregierung, Landesregierung und Betreiberfirma sagen, die rund 200 Kilometer lange Trasse, die bei Wahle in der Gegend von Braunschweig starten und bei Mecklar nahe dem hessischen Bad Hersfeld enden soll, sei notwendig, um Strom von Norddeutschland nach Süddeutschland zu leiten. Doch Schulze und seine Mitstreiter glauben das nicht.

Bürgerinitiativen machen mobil

Entlang der künftigen Trasse hat sich eine breite Protestbewegung entwickelt – wahrscheinlich diejenige mit dem größten Einfluss gegen ein Trassenprojekt in Deutschland. Rund 20 Bürgerinitiativen mobilisieren mittlerweile die Leute entlang der Strecke. Im Raumordnungsverfahren meldeten sich zwischen 10000 und 20000 Einzelpersonen und Organisationen mit schriftlichen Gegenargumenten. In vielen Orten engagieren sich die Bürgermeister gegen die Leitung – egal, ob sie der SPD, der CDU oder den Grünen angehören.

Der Protestverein, den Schulze mitorganisiert, heißt »Bürger pro Erdkabel«. Ihm widmet der 63-Jährige, der seit acht Jahren im gesundheitsbedingten Vorruhestand lebt, einen großen Teil seiner Zeit. Schulze ist ein freundlicher, reflektierter Zeitgenosse mit grauem Vollbart und blauer Strickjacke. Nur manchmal neigt er zum Dramatisieren. In der nahen Kurstadt Bad Gandersheim, so erzählt er, hege man schon die Befürchtung, dass die neue Stromtrasse die Herzschrittmacher der betagten Patienten beeinträchtigen werde. Schulze sagt: »Dann muss man dafür Warnschilder aufstellen.«

Der Widerstand gegen Stromleitungen und Windparks ist noch nicht so hart und bitter wie der gegen die Atomkraft. Bislang gab es kaum zivilen Ungehorsam, kaum große Demonstrationen, kaum Gewalt gegen Sachen und keine Straßenschlachten. Aber der Protest ist doch so stark, dass er die Energiewende bremsen kann.

Paradoxerweise stößt damit jetzt eine gute Sache, die die Mehrheit der Bürger in Umfragen und Wahlen durchaus unterstützt, auf Widerstand. Die Volonté Générale, der aufgeklärte Mehrheitswille auf nationaler Ebene, spricht sich für die Energiewende aus. Im konkreten Fall, wenn es um ihr unmittelbares Lebensumfeld geht, betrachten viele Bürger sie dennoch als feindliches Projekt, das ihnen eine fremde Macht überstülpen will. Und manchmal, so wie in Kreiensen und den Nachbardörfern, sind die Kritiker so zahlreich, dass sie eine regionale Mehrheit bilden können.

»Wir sind keine Verhinderer«, sagt Peter Gosslar, der Vorsitzende des Erdkabelvereins. Natürlich werde Strom gebraucht, schließlich sei Deutschland ein moderner Staat. Aber diese neue Hochspannungsleitung? Nein, die lehne man ab. Gosslar ist hochgewachsen, breit, er trägt grauen Bart und blaue Strickjacke wie Kollege Schulze. Im Berufsleben leitete der Vereinsvorsitzende ein mittelständisches Maschinenbauunternehmen. Danach amtierte er als Richter am Finanzgericht in Hannover.

Jetzt erläutert er die Argumente gegen die Stromtrasse. Das niederländische Staatsunternehmen Tennet, das einen Teil des Höchstspannungsnetzes vom deutschen E.ON-Konzern gekauft hat und die Leitung plant, habe keine Angaben geliefert, die den Bedarf eindeutig nachwiesen, erklärt Gosslar. Dieser Punkt ist Allgemeingut unter den Kritikern. Auch Thorben Becker, Jurist und Energieexperte des Bund für Umwelt und Naturschutz (BUND), vermisst ausreichende Daten. Gosslar sagt: »Vielleicht besteht Bedarf für die Leitung, vielleicht aber auch nicht. Wir wissen es einfach nicht.« Dann kommt er auf Grohnde zu sprechen, das Atomkraftwerk südlich von Hannover, das Anfang der 2020er Jahre wie alle anderen deutschen AKW abgeschaltet werden soll. Fließe später kein Atomstrom mehr durch die Hochspannungsleitungen, müsse doch eigentlich genug Platz sein für die Energie der großen Windparks auf der Nordsee. Auch aus dieser Perspektive bräuchte man die zusätzliche Trasse möglicherweise nicht.

Zudem argwöhnt Gosslar, dass die Leitung von Wahle nach Mecklar auch dazu dienen solle, später den Strom neuer Kohlekraftwerke an der Küste nach Süddeutschland zu schicken. Und eine Leitung für derart schmutzige Energie sei völlig indiskutabel, so Gosslar. Für dieses Argument spricht, dass die Trasse Wahle-Mecklar lange vor dem Atomausstieg geplant wurde. Mit der Energiewende hat sie nicht notwendigerweise etwas zu tun.

»So werden wir zu Bildungswutbürgern«

Der Verein von Schulze und Gosslar hat schon viele öffentliche Protestaktionen veranstaltet. Auf eine besondere kommen die Aktivisten immer wieder zu sprechen. Sie haben auch eindrucksvolle Fotos zur Hand. Darauf sind 50 Bürger zu sehen, die in der Dämmerung auf einem Acker unter einer Stromleitung stehen und Neonröhren in die Luft recken. Diese leuchten hell – ganz ohne Steckdose. Leute, die sich mit Physik auskennen, wird zwar nicht erstaunen, dass das Magnetfeld der Überlandleitung das Gas in den Röhren erstrahlen lässt. Was aber wollen Gosslar und seine Mitstreiter mit diesem Versuch demonstrieren? Es geht ihnen um die Strahlung, die die künftige 380-Kilovolt-Trasse aussenden würde, ihr Magnetfeld, den »Elektrosmog«. Wie für fast alles in Deutschland gibt es zwar auch für diese Kraftfelder Grenzwerte und Abstandsregeln zu Wohnhäusern. Die Betreiberfirma Tennet muss beides einhalten. Aber es bleibt ein diffuses Unwohlsein, das man auch als Angst vor unkontrollierbaren Einflüssen begreifen kann.

Schulze und Gosslar sind dabei recht zurückhaltend. Auf den Punkt bringt es Ralf Messerschmidt, der Kassenwart des Vereins, dessen Haus wenige Meter entfernt von der schon existierenden Bahnstromleitung steht: Seine Frau sei vor Jahren an Krebs erkrankt. Auch in der Nachbarschaft gebe es mehrere Fälle der Krankheit. Wer weiß, ob die Ursache nicht der Strom sei, der tagein, tagaus über ihre Köpfe hinwegfließe? Über dieses medizinische Problem gibt es viele Kontroversen und wenige klare Aussagen. Auch der Verein »Bürger pro Erdkabel« kann keinen Mediziner in den Zeugenstand rufen. Trotzdem fasst Wolfgang Schulze die Angelegenheit so zusammen: »Wir wollen keine Versuchskaninchen sein.«

Dieser Anspruch ist in den Augen der Vereinsmitglieder durchaus gerechtfertigt – und leicht zu erfüllen, wie der Name der Protestgruppe zeigt. Statt einer Überlandleitung an hohen Pfeilern verlangt sie, das Kabelbündel auf mehr oder weniger der kompletten Länge der Trasse unter die Erde zu legen. Ein Verfahren, mit dem dies möglich wäre, existiert. Es heißt Hochspannungs-Gleichstrom-Übertragung (HGÜ) – eine Alternative zur herkömmlichen und meist verwendeten Wechselstromtechnik. Unter anderem der Schweizer Konzern ABB hat die HGÜ-Methode weiterentwickelt. Zur Zeit wird in Schweden eine Gleichstromerdleitung gebaut, für die Windparks auf See muss man diese Technik ohnehin verwenden. Sie hat ein paar entscheidende Vorteile: Unter anderem sind die Strahlung und die Übertragungsverluste viel geringer als bei Wechselstrom. Aber HGÜ-Erdkabel haben auch einen erheblichen Nachteil: Das Verfahren ist noch teurer als eine Wechselstromfreileitung. Um wieviel ist jedoch umstritten. Der Verein nennt einen ungefähr doppelten Preis, die Betreiberfirma Tennet spricht von etwa fünffachen Investitionskosten.

Mittlerweile ist die Planung der Trasse beim Raumordnungsverfahren angekommen. Dies bedeutet, dass der grobe Verlauf der Strecke feststeht. Gosslar und seine Mitstreiter sind höchst unzufrieden. Sie haben nicht den Eindruck, dass ihre Argumente eine Rolle gespielt haben – trotz 10 000-facher schriftlicher Einwendungen und öffentlicher Erörterung. »Das Unternehmen Tennet und die Landesregierung haben unsere Vorschläge völlig ignoriert«, sagt Schulze.

Das liegt auch am Verfahren, das auf dem Gesetz zum Ausbau von Energieleitungen (EnLAG) beruht. Für 24 überregionale Stromtrassen haben Bundestag, Bundesrat und Regierung 2009 den »vordringlichen Bedarf« politisch beschlossen – auch für die Strecke Wahle-Mecklar. Ob dieser Bedarf aber tatsächlich besteht, wird damit im Verfahren der Bürgerbeteiligung nicht mehr diskutiert. Die entsprechenden Argumente und Zweifel der Kritiker laufen ins Leere.

Hinzu kommt, dass das Gesetz zwar den Bau von Erdkabeln ermöglicht – aber nur dann, wenn die Trasse näher als 400 Meter an größeren Siedlungen vorbeiführt. Diesen Abstand hält Tennet ein und weist deshalb die Vorschläge der Protestgruppen zurück. Bei Tennet heißt es, genau diese Abstandsregel schließe Planung und Bau von Erdkabeln aus. Schließlich würden auch die niedersächsische und hessische Landesregierung darauf achten, dass die Leitung nicht zu teuer werde. Außerdem sei die HGÜ-Technik bislang kaum erprobt und damit fehleranfällig, so die Betreiberfirma.

Schulze, Gosslar und Messerschmidt reden sich die Münder fusselig, es nützt nichts. Auch plausible Vorschläge versanden. Zum Beispiel dieser: Beim Ausbau der benachbarten Autobahn hätte man die Kabel gleich mitverlegen können und so vielleicht eine Menge Kosten gespart. »Aber unsere Anregung, wenigstens zu prüfen, was die Kabelverlegung an der Autobahn kosten würde, wurde nicht einmal erwogen. Das erzürnt uns«, so Schulze. Die Herren aus Kreiensen fühlen sich nicht ernstgenommen. »So werden wir allmählich zu Wutbürgern«, sagt der pensionierte Bahnbeamte. »Bildungswutbürger«, ergänzt Ex-Manager Gosslar und lächelt feinsinnig.

Es ist ein Widersinn: Aufgeklärte und zivilisierte Zeitgenossen könnten diesem Staat verlorengehen, weil dieser an ihren Anliegen zu wenig Interesse erkennen lässt. Absurder wird die Sache noch dadurch, dass die Kritiker das große Ziel der Energiewende nicht in Frage stellen. Nur die Umsetzung, der drohende Eingriff in ihre Lebensumgebung stört sie massiv. Und das passiert nicht nur in Kreiensen, sondern auch an vielen anderen Orten in Deutschland. Hunderte bis tausende Kilometer neuer Stromtrassen sollen in den kommenden Jahren errichtet werden. Große Windparks, Solarkraftwerke, Biogasanlagen und Wasserpumpspeicher entstehen. Die Energieinfrastruktur wird kleinteiliger als früher, damit aber auch mehr übers Land verteilt und sichtbarer. An zentralen Kohle- und Gaskraftwerken störten sich in der Vergangenheit vielleicht die unmittelbaren Anwohner – die meisten Bürger aber fühlten sich nicht betroffen. Das ändert sich nun. Viel mehr Menschen werden beim Blick in ihre Umgebung die Anlagen der Energiewirtschaft bemerken. Könnte es sein, dass die Verfahren der politischen Partizipation dieser Herausforderung nicht gewachsen sind?

Ist mehr Demokratie nötig?

Der Wissenschaftliche Beirat der Bundesregierung für Globale Umweltveränderungen bejaht diese Frage. In seinem Gutachten »Gesellschaftsvertrag für eine große Transformation« von 2011 plädieren die neun Professoren und Professorinnen unter dem Vorsitz des Klimaforschers Hans Joachim Schellnhuber dafür, die Energiewende durch eine Demokratiewende zu begleiten.[18] »Wir stellen uns neue Partizipationsmöglichkeiten der Bürger nicht als marginale, sondern wesentliche Ergänzungen der heutigen Verfahren vor. ›Deliberative Demokratie‹ bedeutet ›fundierte Erörterung der öffentlichen Angelegenheiten‹«, sagt Ratsmitglied und Kulturwissenschaftler Claus Leggewie. Er schlägt vor, die parlamentarische Demokratie durch eine »dritte Säule« neben Bundestag und Bundesrat zu stützen. Diese Funktion könnte eine neue Zukunftskammer übernehmen, deren Mitglieder aus der Bevölkerung per Los bestimmt würden. Leggewie betrachtet dieses Zufallsprinzip als positiv: Erfahrungen mit ähnlichen Mechanismen etwa in den USA zeigten, dass die ausgelosten Mitglieder ideologisch ungebundener und damit offener diskutierten. Ihre Empfehlungen seien potenziell rationaler und »gemeinwohlorientierter« als die Entscheidungen gewählter Interessenvertreter in den existierenden Parlamenten.

Dieser weitgehende Vorschlag spielt in den Debatten um die Energiewende bislang keine praktische Rolle. Eine gewisse Relevanz gewinnt aber ein Gedanke, der ebenfalls im Transformationsgutachten enthalten ist. Die Professoren raten dringend, »Berufspolitiker mit aufgeklärten Bürgervoten zu konfrontieren«. Wie muss man sich das vorstellen? Die Regierung, sagt Leggewie, solle vor der Entscheidung über den Bau von Stromtrassen oder Windparks »einen längeren Diskussionsprozess einleiten: Wie soll die Energieversorgung aussehen, welche Kraftwerke brauchen wir, wie viele zusätzliche Stromleitungen, welche Bauplätze sind geeignet? Bürger, Interessengruppen, Kommunen, Landkreise nehmen an diesem Ratschlag teil. Man fragt die Bürger dabei nicht nur einmal nach ihrer Meinung, sondern häufiger, Experten und Entscheider müssen immer wieder auf die Argumente der Bürger eingehen, und diese durchlaufen ihrerseits einen Lernprozess.«

Leggewie schwebt eine Art deutschlandweiter »Ratschlag« vor, der in gemeinsamer Debatte die dann breit akzeptierten Grundlagen für das neue Energiesystem legt. In diesem Prozess, so die Hoffnung, würden sich auch Protestgruppen wie der Kreienser Verein Bürger pro Erdkabel ernstgenommen fühlen, nach ihrer Partizipation die Entscheidungen für den Bau dieser oder jener Stromleitungen aber auch akzeptieren müssen. In einem »neuen demokratischen Tausch«, so Leggewie, erhielten die Bürger mehr Mitsprache, sollten nach erfolgter Entscheidung ihren Protest dann aber auch einstellen, damit die Transformation des Energiesystems nicht steckenbleibt.

Etwas von diesen großen Ideen ist tatsächlich in den politischen Prozess eingedrungen. Dass das Energieleitungsgesetz von 2009, mit dem sich auch die Kreienser herumschlagen, nicht richtig funktionierte, war dem verantwortlichen Bundeswirtschaftsministerium recht bald klar. Viele Projekte hängen, der Protest ist massiv und teilweise streiten sich selbst die Bundesländer über den Verlauf der Trassen. So legte man 2011 nach und entwarf im Zusammenhang mit dem Atomausstieg nach Fukushima eine neue Regelung – das Netzausbaubeschleunigungsgesetz für das Übertragungsnetz (NABEG). Selbst Berufsskeptiker wie Energieexperte Thorben Becker vom BUND erkennen an: »Dieses Gesetz ist ein Fortschritt.« Es müsse allerdings auch mit dem Geist dieses Fortschritts erfüllt werden, um sein Ziel zu erreichen, fügt Becker hinzu.

Laut Regierung kann das neue Gesetz zwei oft konträre Zielsetzungen gleichzeitig erreichen. Erstens soll es dafür sorgen, dass die notwendigen Trassen nicht erst 2025 fertig sind, sondern vielleicht schon in fünf oder sechs Jahren. Zum Zweiten dient es angeblich dazu, die Partizipation der Bürger zu verbessern. Schneller und trotzdem demokratischer – wie soll das funktionieren?

Einen zügigeren Trassenbau als bisher will die Regierungskoalition aus Union und FDP erreichen, indem pro Leitung nur ein bundeseinheitliches Raumordnungsverfahren durchgeführt wird. Früher musste jedes Bundesland, über dessen Terrain die Kabel führten, ein eigenes Planungsverfahren anschieben. An den Ländergrenzen gab es oft Koordinationsprobleme. Das Geheimnis der Beschleunigung ist also die Zentralisierung.

Parallel dazu haben die Umweltverbände darauf gedrängt, die Beteiligung der Bürger auszubauen. Diese gibt es im neuen Verfahren nun gleich an vier Stellen, früher war Partizipation nur auf zwei Stufen vorgesehen. Ein ganz wesentlicher Unterschied besteht auch darin, dass in den ersten beiden Schritten des bundesweiten Planungsverfahrens der Bedarf an neuen Stromleitungen in einem öffentlichen Diskussionsprozess erörtert wird. Es geht darum, wo später vermutlich wieviele Kraftwerke welcher Art stehen. In Abhängigkeit von diesem künftigen Energiemix und seiner regionalen Verteilung will man sich darüber unterhalten, welche neuen Leitungen notwendig sind. Dafür sollen auch die Netzbetreiber erstmals genaue Zahlen über die bisherige Auslastung ihrer Kabel veröffentlichen. Deren Fehlen hat nicht nur der Verein Bürger pro Erdkabel immer bemängelt.

Außerdem, darauf weist Umweltjurist Becker hin, ist zweimal eine strategische Umweltverträglichkeitsprüfung eingebaut worden. Damit wird nicht nur ein Streckenverlauf geprüft, sondern neuerdings müssen Planungsbehörde und Betreiber mehrere Korridore miteinander vergleichen.

Geheimtipp Bürgerbeteiligung

Soweit die Theorie. Wie aber sieht die Praxis aus? Trotz der guten Absicht erinnern die bis Ende 2011 unternommenen Schritte an Douglas Adams´ Roman *Per Anhalter durch die Galaxis*. Am Anfang des ersten Bandes teilen die Vogonen Hauptperson Arthur Dent und den anderen Erdenbewohnern mit, dass der Globus demnächst gesprengt werde, um Platz zu machen für eine Hyperraumexpressroute. Die Menschen bräuchten sich jetzt nicht so aufzuregen, schließlich hätten die Planungsunterlagen 25 Jahre lang auf Alpha Centauri vier Lichtjahre von der Erde entfernt ausgelegen, erklären die Vogonen per Lautsprecher aus ihren Raumschiffen. Kurz darauf wird unser Planet pulverisiert.

Ja, auch im Auswahlverfahren für die neuen Stromtrassen gibt es gleich am Anfang eine Beteiligung der Öffentlichkeit. Nur – fast niemand wusste davon. Und die Bundesregierung hat sich nicht besonders darum gekümmert, dies zu ändern. Dafür, dass das so ist, spricht die Anzahl der Stellungnahmen, die eingereicht wurden. Es waren genau 76, nachzulesen auf der Internetseite der Bundesnetzagentur.[19] Viele Bundesländer reichten Positionspapiere ein, einige Städte, beispielsweise Kiel und Attendorn, weiterhin ein paar Unternehmen, Umweltverbände wie der BUND und die Umwelthilfe, aber auch einige Bürgerinitiativen. Das war's.

Als großen Aufschlag eines umfassenden Planungs- und Beteiligungsprozesses im Sinne des Wissenschaftlichen Beirats kann man diesen Beginn nicht deuten. Während es die Bundesregierung verpasst hat, mit einer Informationskampagne auf die neuen Möglichkeiten hinzuweisen, ließ allerdings auch das Interesse der Öffentlichkeit zu wünschen übrig. Dass die Chance einer grundsätzlichen Mitbestimmung beim neuen Energiesystem besteht, hat sich noch nicht herumgesprochen. Auch die Umweltverbände und Initiativen haben nicht zur Teilnahme mobilisiert. Die sogenannte Bürgerbeteiligung blieb deshalb einstweilen ein Gespräch unter wenigen Experten.

Und wie ist der erste Schritt des neuen Planungsverfahrens inhaltlich verlaufen? Die vier Firmen, die das überregionale Hochspannungsnetz betreiben – Tennet, Amprion, 50 Hertz und EnBW Transportnetze AG –, müssen bei der Bundesnetzagentur einen Szenariorahmen einreichen. Das ist eine Abschätzung, wieviel Strom aus konventionellen und regenerativen Kraftwerken 2022 und 2032 vermutlich in das Elektrizitätsnetz fließt. Als Basis der Prognose dient dabei das Energiekonzept der Regierung mit seinem Ziel, dass 2050 mindestens 80 Prozent des Stroms aus erneuerbaren Quellen stammen. Aus diesen Zahlen lässt sich dann im zweiten Schritt des Verfahrens der Netzentwicklungsplan ableiten, der im Sommer 2012 fertig sein soll. Darin wird stehen, zwischen welchen Orten in Deutschland neue Stromleitungen gebaut werden müssen.

Grüne Lobbyarbeit

Als Rainer Baake, der damalige Geschäftsführer der Deutschen Umwelthilfe, am Donnerstag, den 6. Oktober 2011, zum Erörterungstermin bei der Netzagentur in Bonn erscheint, ist er

»guter Dinge«. Zwar haben die Netzbetreiber aus seiner Sicht unrealistische Zahlen in den Szenariorahmen geschrieben. Beispielsweise liegen die Annahmen für den künftigen Bestand an Kohlekraftwerken zu hoch, für die Kapazität der Windenergie an Land zu niedrig. Aber Baake geht davon aus, dass es möglich sein sollte, diese Zahlen während des Erörterungstermins zu verändern.

Im Saal der Netzagentur tragen die Umweltverbände ihre Kritik am Szenario vor. Die Netzfirmen antworten. Dabei wird Baake allmählich klar, »dass die Unternehmen nicht auf unsere Argumente eingehen«. Die Firmen scheinen anzunehmen, ihre Prognosen mehr oder weniger unbeschadet in die Genehmigung zu bekommen. »Partizipation wurde beim Erörterungstermin nur vorgetäuscht«, resümiert Baake nachher. Außerdem stört ihn, dass die Netzagentur eigentlich schon eine Woche später ihre Genehmigung veröffentlichen will. Angesichts der enttäuschenden Debatte befürchtet Baake, dass seine kritische Position wegen des Zeitdrucks nicht berücksichtigt wird. Er entschließt sich, Staatssekretär Jochen Homann im Bundeswirtschaftsministerium anzurufen, quasi den Vorgesetzten der Netzagentur.

Rainer Baake war früher selbst Staatssekretär. Unter dem Grünen-Umweltminister Jürgen Trittin handelte er den ersten Atomausstieg aus. Baake – groß, hager, dunkel gekleidet – arbeitet in einem Büro von der Größe einer Zweizimmerwohnung am Hackeschen Markt in Berlin. Die Öffentlichkeit kennt ihn kaum, stets wirkt er in der zweiten Reihe – weniger Politiker, mehr Ingenieur der Macht. Als solcher ist er ein harter Knochen und ziemlich einflussreich. Die Umwelthilfe, die der Bundesregierung einerseits mit ihrer permanenten Kritik schrecklich auf die Nerven geht, organisiert andererseits beispielsweise das Forum Netzintegration. Dieses informelle Hintergrundgremium bietet beiden Seiten – den Stromnetzbetreibern wie auch den Umweltverbänden und Bürgerinitiativen – eine Möglichkeit zum Austausch. Gefördert wird das Forum durch das Bundesumweltministerium, aber auch Wirtschaftsstaatssekretär Homann schätzt Baake als Ansprechpartner.

Baakes telefonische Intervention im FDP-geführten Wirtschaftsministerium hat Erfolg. Die Netzagentur verschiebt ihre Genehmigung. Es folgen weitere sechs Wochen intensiver Debatten hinter den Kulissen. Dann, Anfang Dezember 2011, veröffentlicht die Agentur schließlich die von ihr akzeptierten Zahlen. Baake ist zufrieden. »Das Szenario ist auch jetzt nicht optimal, aber wesentlich besser als vorher.« Was hat sich geändert im Vergleich zum Vorschlag der Netzbetreiber? Die Kapazitäten konventioneller Kraftwerke, die 2022 und 2032 schätzungsweise noch am Netz sein werden, liegen laut Netzagentur niedriger, die der regenerativen Kraftwerke dagegen höher, als die Stromfirmen annahmen. Man kann sagen: Dies ist ein weiterer Sieg für die Energiewende.

Das Planungsverfahren für das neue Netz scheint so offen zu sein, dass man es für eine vernünftige Energiepolitik nutzen kann. Und auch Partizipation ist machbar, wie man an der erfolgreichen Intervention der Umwelthilfe sieht. Rainer Baake hält es für möglich, dass »die Akzeptanz der Bevölkerung für die Erweiterung des Stromnetzes ein Ergebnis des Verfahrens sein kann«. Voraussetzung: Die Netzagentur führt die Debatten im Geiste der Transparenz und echter Bürgerbeteiligung.

Aber es gibt auch Argumente, die dieser hoffnungsvollen These widersprechen. Bis Mitte 2012 soll der Netzentwicklungsplan fertig sein, der die Anfangs- und Endpunkte der notwendigen neuen Trassen beschreibt. Man darf bezweifeln, ob ein halbes Jahr für eine so weitreichende Entscheidung genug ist. Um eine breite öffentliche Diskussion zu ermöglichen, müssten Regierung und Netzagentur nicht nur mehr Zeit einräumen, sondern auch mehr Anstrengung in die Information der Bürger investieren. Denn ohne Information keine Partizipation. Außerdem bleibt die im NABEG vorgesehene Bürgerbeteiligung an manchen Punkten deutlich hinter den Vorschlägen des Wissenschaftlichen Beirates zurück: Das Gesetz kennt keine Rückkopplungsschleifen, die es ermöglichen würden, dass die Bürger eine von der Netzagentur erteilte Genehmigung nochmals verändern. Auf jeder Verfahrensstufe gibt es stattdessen nur eine einzige Option für Interventionen aus der Bevölkerung. Danach stehen die Entscheidungen der Behörden fest.

Kleine Heimat, große Bedrohung

Wie dem auch sei – Wolfgang Schulze, Peter Gosslar und ihr Verein Bürger pro Erdkabel kommen wohl in keinem Fall in den Genuss der Vorteile des NABEG. Denn das Planungsverfahren, das sie betrifft, basiert auf dem Vorläufergesetz, dem EnLAG. Ende 2011 sind die Fronten um Kreiensen verhärtet – so sehr, dass nicht einmal ein größerer Erfolg ein Lächeln auf die Gesichter zaubert. Kurz vor Weihnachten wird bekannt, dass Tennet erwägt, die Hochspannungsleitung in weitem Bogen um Kreiensen herumzuführen. Der ganze Protest scheint also doch etwas genützt zu haben. Die Gegenargumente der Bürger sind bei den Planern angekommen.

Würde die neue Variante realisiert, könnte man die Masten aus Schulzes Wohnzimmerfenster nicht mehr sehen. Die meisten Bürger der Gemeinde müssten sich auch keine Sorgen mehr wegen des Elektrosmogs machen. Eigentlich haben die Kreienser damit gesiegt, jedenfalls ihre unmittelbare Umgebung verteidigt. Allein: Auch dieses Zugeständnis der Stromfirma missfällt dem Vereinsvorstand. Wieder einmal fühlt er sich vor vollendete Tatsachen gestellt, ohne an einem gleichberechtigten Gespräch teilnehmen zu dürfen. Kassenwart Messerschmidt sagt es so: »Das ist kein Erfolg. Wir haben nichts erreicht. Tennet plant weiter eine Hochspannungsleitung über der Erde. Wir aber wollen ein Erdkabel in Gleichstromtechnik.« Und außerdem würden durch die veränderte Trassenführung nun andere Bürger betroffen, die der Verein sofort als potenzielle Kundschaft ins Auge fasst.

Im Winter 2011 sieht die Lage in Kreiensen nun so aus: Die Befürworter und Gegner der Stromleitung haben sich verhakt. Es herrscht Misstrauen. Selbst Zugeständnisse werden von der jeweils anderen Seite nicht unbedingt als solche akzeptiert. Eine friedliche Zukunftsperspektive steht in den Sternen.

Wie aber könnte man diese missliche Konstellation auflösen? Grundsätzlich gäbe es einen recht einfachen Weg. Man legte das schlechtere EnLAG ad acta und begänne für alle Leitungsplanungen noch einmal neu auf der Basis des besseren NABEG. So bestünde die Chance, aus gemachten Fehlern zu lernen. Der Weg der ausgeweiteten Bürgerbeteiligung, ausgehend von einer grundsätzlichen Debatte über den Bedarf an Leitungen, könnte zu einem Kompromiss führen.

Damit aber wären zwei Nachteile verbunden. Erstens: drei bis vier Jahre Zeitverlust. Für 24 überregionale Stromtrassen hieße es »zurück auf Los«. Deshalb bekämen zweitens die Gerichte jede Menge zu tun. Also scheidet dieser Weg wahrscheinlich aus. Das Wirtschaftsministerium hält am alten Gesetz fest. Und selbst Rainer Baake von der Umwelthilfe findet den drohenden Zeitverlust problematisch. Wenn zu wenige Kabel zur Verfügung stehen, wird es auch zunehmend eng für den Ökostrom.

Vielleicht aber kommt es trotzdem zu dieser Entwicklung – quasi durch die Hintertüre. Denn im Rahmen des neuen Planungsgesetzes wird ja nun grundsätzlich der Leitungsbedarf ermittelt. Etwa Mitte 2012 werden die Kreienser also wissen, ob ihre Trasse gebraucht wird. Dieses Ergebnis hat dann möglicherweise eine höhere Legitimität – schließlich kommt es unter Mitwirkung vieler kritischer Experten zustande. Eine größere Akzeptanz könnte die Folge sein. Dafür spricht, dass auch beim Bahnhofsprojekt Stuttgart 21 die nachgeholte Grundsatzdebatte unter Leitung des Mediators Heiner Geissler eine relativ befriedende Wirkung ausübte – obwohl Geissler gerade nicht empfahl, den Bahnhofsneubau zu stoppen.

Die Frage »Erdkabel – ja oder nein?« ist aber auch dann nicht unbedingt zur Zufriedenheit der Gegner entschieden. Und wird es vielleicht nie – siehe Kosten und technische Probleme. Denkbar bleibt daher auch eine pessimistische Variante. Selbst weitreichende Ansätze für Partizipation, wie sie in den Vorschlägen des Wissenschaftlichen Beirates oder dem NABEG zum Ausdruck kommen, müssen nicht dazu führen, jeden regionalen Widerstand gegen große Infrastrukturprojekte auszuräumen. Wie man es auch dreht: Stromleitungen, Windparks, Solaranlagen oder Pumpspeicherwerke verändern die Landschaft, beeinflussen die Lebenssituationen von Menschen und erzeugen Ablehnung. Das dürfte auch künftig gelten. Auch für die Energiewende.

Wolfgang Schulze liebt seine Heimat, die Landschaft, in der er lebt. Sie ist schön. Wenn er über die Hügel spaziert, lässt er seinen Blick schweifen. Man sieht milde Wellen aus Kuppen, Hängen und Wäldern. Deutsches Mittelgebirge. Fachwerkhäuser in den Dörfern und Kleinstädten. Und in Bad Gandersheim die Stiftskirche – ein dicker romanischer Bau mit kleinen Fenstern und burgähnlichen Türmen, rund 1100 Jahre alt. »Die Masten der Stromleitung wären doppelt so hoch wie der Kirchturm«, sagt Schulze. Die Heimat ist klein, die Bedrohung groß.

9 Die Suche nach dem Klimagott – warum wir Intellektuelle und Prominente brauchen

Und nun blenden wir uns ein in die WDR-Fernsehtalkrunde »Kölner Treff«; und zwar in dem Moment, in dem der Jurist und Bestsellerautor Ferdinand von Schirach sagt: »Ich verstehe überhaupt nichts vom Klimawandel.« Was ihn selbstverständlich überhaupt nicht daran hindert, sich darüber auszulassen. Eigentlich ging es darum, dass die Film- und Fernsehschauspielerin Christiane Paul ihr Buch *Das Leben ist eine Öko-Baustelle* vorstellen sollte. Das Buch – dessen Co-Autor ich bin – versucht, Handlungsspielraum für persönliches und gesellschaftliches ökosoziales Engagement auf der Basis eines veränderten Werte- und Lebensstilmodells auszuloten. In die Pflicht genommen werden nicht die Chinesen, Inder oder Sozialtransferempfänger, sondern die, die es sich leisten könnten und die sich im weiteren Sinne als Bürger verstehen. Also wir.

Die Moderatorin Bettina Böttinger nannte es ein »sehr kluges Buch«, sprach mit Paul ein bisschen über ihre Herkunft, ihre Rolle als junge Mutter und warum sie das Problem Klimawandel zu ihrer Sache gemacht habe. Doch dann unternahm sie den Versuch, Schirachs Intellektualität und Kompetenz in das Gespräch über dieses zentrale Problem des 21. Jahrhunderts einzubinden. Worauf Schirach seufzte und sagte, er fahre »leider Gottes« ein altes, großes Auto, habe aber gelernt, dass ein neues Auto sowieso sehr viel mehr Energie verbrauchen würde. Das wird immer gesagt, wenn der Eindruck erweckt werden soll, letztlich sei es besser, alles zu lassen, wie es ist.

Daraufhin sagte Comedian Bernhard Hoëcker: Ja, es sei wirklich alles schwierig. Der frühere Fußballmanager und heutige Comedian Reiner Calmund sagte, dass Leverkusens Trainer seinen Spielern das Nutella verboten habe. Und die Rock'n Roll-Mumie Peter Kraus (»Sugar Baby«) sagte, er kapiere »das alles« nicht und habe das Gefühl, er möchte »das« nicht mehr miterleben. Schirach erzählte dann noch frohgemut, er habe ja am Flughafen mal unter Schmerzen seinen Abfall getrennt und in die richtigen Behälter geworfen. Aber dann sei die Putzfrau gekommen und habe alles in denselben Sack gekippt. Während das Publikum glücklich seufzte, weil er in seiner selbsterklärten und selbstgefälligen Inkompetenz damit das Problem komplett lächerlich gemacht hatte.

Das Wichtige an der Sache ist, dass sowohl die Moderatorin als auch die anderen Gäste Schirachs lapidare Erklärung, vom Klimawandel ja nichts zu verstehen, als zeitgemäß und als das Selbstverständlichste der Welt hinnahmen. Man muss sich einmal vorstellen, ein deutscher Intellektueller oder Schlagersänger würde sagen: Naja, sicher wichtig, aber er persönlich verstehe nichts vom Nationalsozialismus. Von Neonazis. Oder von Armut. Ist ja aber auch wirklich kompliziert. Den würde doch sogar Johannes B. Kerner hochkant aus seiner Talkshow werfen. Falls er gerade noch eine haben sollte.

Es geht hier nicht um den Einzelfall Schirach, es geht darum, dass er eben kein Einzelfall ist. Es geht um die geistige Verfasstheit unserer Gesellschaft und vor allem auch um die ihrer Eliten, die sich mit provinziellem Gestus in der Mitte der Gesellschaft wähnen, wenn sie das Problem auf Mülltrennung runterwitzeln – und denjenigen als Außenseiter präsentieren, der sich ernsthaft damit beschäftigt. »Es geht darum, dass wir einen Weg finden müssen«, das sagte Moderatorin Böttinger völlig richtig. Dazu braucht es – neben vielem anderen – in

Gottes Namen auch Leute, die dafür sorgen, dass man über dieses Thema gerade im Fernsehen halbwegs zivilisiert sprechen kann.

Als würde man die Existenz des Papstes bestreiten

Wer denkt, das Fernsehen sei längst nicht mehr wichtig, verkennt, dass die Nutzungszeiten des Mediums weiter sehr hoch sind. Wenn man viele Leute erreichen will, muss man nach wie vor ins Fernsehen. Das Problem der Fernsehtalkshow ist weniger, dass man mit dem Thema Klima an die Grenzen eines Unterhaltungsformats stößt, sondern dass es an Interesse und Emotionen fehlt, und damit an Quote.

Talkshows wollen eine Kante und zwei Lager, die miteinander streiten. Mag ja sein, dass die entscheidende Frage der Energiewende lautet: zentral oder dezentral? Aber wen juckt das? Und wer weiß das? Insofern sieht sich eine Talkshowredaktion – selbst im Fall, dass sie es besser wissen sollte – am Ende genötigt, das Thema in die Steinzeit zurückzuwerfen, indem man einen sogenannten »Klimaskeptiker« einlädt, der den menschengemachten Klimawandel grundsätzlich bezweifelt. Das ist, als würde man jemanden einladen, der bezweifelt, dass es die Finanz- oder Eurokrise, den Afghanistankrieg oder den Papst überhaupt gibt.

Vermutlich gibt es in den Redaktionen aber darüberhinaus auch schlicht ein Kompetenzproblem. Man kann sich des Eindrucks nicht erwehren, dass die Fernsehmacher die Leute einfach nicht kennen, die sich wirklich auskennen. Um ins Fernsehen zu kommen, braucht man nämlich das, was die Fernsehleute ein »Fernsehgesicht« nennen. Es läuft also so: Um eine breite

Masse zu erreichen, muss man im Fernsehen sein. Hat man kein Fernsehgesicht, ist man nicht in den Talkshows. Und deshalb kennen einen die Redakteure auch nicht. Das dürfte – mit allem Respekt – ein Grund sein, warum die Energieökonomin Claudia Kemfert Dauergast geworden ist. Irgendwie kam sie aufs Talkshowkarussell. Unklar ist, ob die Redakteure wissen, dass Kemfert innerhalb der Nachhaltigkeitselite nur ein Spektrum abdeckt, und zwar ein relativ staatstragend-softes; und sie genau deshalb eingeladen wird. Oder ob den Redaktionen beim Grübeln nur Kemfert einfällt.

Gesetzt wir hätten den klugen, visionären und doch heiteren Klimaintellektuellen: Im Grunde müsste er bei jedem Thema das ganzheitlich-innovative Denken beisteuern – ob nun Finanz-, Euro- oder Klimakrise. Aber was fängt der öffentliche oder öffentlich-rechtliche Diskurs mit so jemand an? Es geht ja darum, so zu tun, als habe sich die Lage enorm zugespitzt seit der Talkshow am Vorabend. Der integere Intellektuelle kann im Gegensatz zum aktuellen Talkshowpersonal seine These zur aktuellen Situation des Klimawandels nicht beliebig ändern, je nach dem, was gerade verlangt wird. Und selbst wenn man ihn mitmachen läßt, wird er wenig ausrichten gegen die Henkels, Sinns und alle, die dafür eingeladen werden, an den wirklichen Themen vorbeizureden.

Als die ARD-Talkerin Sandra Maischberger Ende 2011 eine Sendung zum Thema Klimawandel wagte, stellte sie sie nicht unter das Motto: »Wie schaffen wir die von der Politik beschlossene Energiewende?« Sondern sie fragte: »Droht die Ökodiktatur?« Als es dann losging, weigerten sich immerhin selbst jene zu sagen, dass eine Ökodiktatur drohe, die offenbar explizit dafür eingeladen worden waren. Dafür wurden zunächst 20 Minuten mit Mülltrennung vergeudet und die Sorge galt auch hier nicht den Millionen potenzieller Klimaopfer und Klimaflüchtlingen, sondern bestand darin, dass der getrennte Müll am Ende wieder in einen Behälter gekippt werden könnte.

Die Sorge war auch nicht, dass eine Temperaturerwärmung um sechs Grad die globalen Gesellschaften komplett dysfunktional machen könnte, sondern dass »wir Deutsche« unseren Müll allzu »verbissen« trennten. Das beschäftigte offenbar ernsthaft den Chefredakteur einer bis zu diesem Zeitpunkt angesehenen deutschen Wirtschaftszeitung.

»Mich nervt das total«, rief irgendwann der Schauspieler, Dokumentarfilmer und Klimaaktivist Hannes Jaenicke, »es geht doch um das, was wir tun können«. Weil es aber überhaupt nicht darum ging, zog er sich hinter ein abwesendes Grinsen zurück und schwieg. Der Grimme-Preisträger Jaenicke ist seit einiger Zeit zu einem Gesicht des Themas geworden. Eine Umfrage ergab, dass jeder Vierte ihn für »Deutschlands vorbildlichsten Prominenten in Umweltschutzfragen« hält. Schön für Jaenicke, denn er ist tatsächlich kompetent und engagiert. Aber schlecht für Deutschland, denn auf Rang zwei kam bereits der Fernsehunterhalter Günther Jauch, der bei jeder Umfrage auf einem vorderen Platz landet, aber nun wirklich gar nicht als Aktivist der Energiewende auffällig geworden ist.

Ich fragte Jaenicke nach der Sendung, wie er sie fand. Er sagte, ihn störe, dass fast immer nur destruktiv gelabert werde und keiner überhaupt Lust habe, konstruktiv zu denken. Warum gehen Sie noch hin? Er antwortete: »Trotzdem träumt man immer, da was Sinnvolles sagen und etwas verändern zu können … die Hoffnung stirbt zuletzt.«

Wer sich engagiert, wird attackiert

Selbstverständlich gibt es Schauspieler und Prominente, die versuchen, sich mit einem sozialen Thema aufzuladen und interessant zu machen. Selbstverständlich muss eine kritische Öffentlichkeit aufpassen, dass sie sich nicht reinlegen lässt. Es hat andererseits auch etwas Selbstgefälliges, wenn Aktivisten wie die Rockmusiker Wolfgang Niedecken oder Bob Geldof reflexartig verhöhnt werden, obwohl sie sich eben nicht auf ein Problemthema »draufgesetzt« haben, sondern sich ernsthaft, aufwendig und über viele Jahre dafür engagieren. Was das Klimaengagement angeht, so muss keiner Angst haben, dass ein Schauspieler sich damit im Hauptberuf einen Wettbewerbsvorteil verschafft. Es dürfte eher so sein, dass es für viele Rollen nicht förderlich ist, wenn man zu sehr mit einem ernsten politischen Thema und einem Standpunkt verknüpft ist. Er habe bisher immerhin keine Nachteile zu spüren bekommen, sagt Jaenicke.

Die Sorge ist nichtsdestotrotz verbreitet, dass Schauspieler, die sich für Klimaschutz einsetzen, Betrüger sein könnten. Stellvertretend sei ein Beitrag von *brigitte.de* zitiert: »Viele von ihnen predigen Klimaschutz und sehen sich als Vorbilder. Alles heiße – und verschmutzte – Luft. Wir entlarven prominente Umweltsünder.« Und dann kommt es: Madonna lasse ihre Limousinen mit laufendem Motor warten, Arnold Schwarzenegger pendele mit dem Privatjet zwischen Wohnsitz in Los Angeles und Gouverneursarbeitsplatz in Sacramento, Paul McCartney predige Vegetarismus und habe sich sein Hybridauto »aus Japan einfliegen« lassen. Schlimm.

Nun ist es in der Tat nicht ökologisch, mit dem Jet zur Arbeit zu fliegen. Letztlich geht es aber bei solchen »Entlarvungen« immer auch darum, eigene Lebensstiländerungen zu verhindern und das eigene Nicht-Handeln zu rechtfertigen. Mit dem beliebten Kinderargument: »Aber der da hat auch …«

Im Gegensatz zu anderen Themen wie Hunger oder Kindesmissbrauch wird das Engagement für Klimagerechtigkeit auch nicht als normal, sondern als anmaßend und als Bedrohung empfunden. Auch Hannes Jaenicke wurde sofort attackiert. »Vielflieger gegen den Klimawandel«, titelte die *FAZ* im September 2010 über ihn. Der Fliegervorwurf kommt immer reflexartig und geht von dem normativen Standpunkt aus, dass jemand, der ein hochmobiles Schauspielerleben führt, moralisch nicht berechtigt ist, sich gegen den Klimawandel zu engagieren. Das ist schon sehr kurz gedacht, aber der dahinterstehende Gedanke ist noch kürzer: Dass jemand, der sich *nicht* für den Klimawandel engagiert, soviel in der Gegend rumfliegen kann, wie er lustig ist und Geld hat. Damit sind wir wieder bei Ferdinand von Schirach: Angreifbar ist jemand nach dieser Logik erst, wenn er sich an der Lösung des Problems beteiligen will, nicht wenn er das Problem ignoriert.

Und dann auch noch Schauspieler. »Erbarmen! Nun retten Schauspieler die Welt«, titelte die *FAS* im Oktober 2010. Als handele es sich um ein ästhetisches Problem und als habe man ja genügend andere zur Verfügung. Vielleicht die *FAZ*- und *FAS*-Redakteure? Doch das zentrale Problem des 21. Jahrhunderts ist ja nun leider nicht, Schauspieler davon abzubringen, die Welt zu retten. Sondern Protagonisten in allen Teilen der Gesellschaft zu finden, die sich engagieren.

Eklatantes Medienversagen

Christian Neugebauer ist Herausgeber des Nachhaltigkeitsmagazins *Glocalist* und Leiter der Hauptstadtrepräsentanz der Deutschen Umweltstiftung. Er beobachtet die Situation seit vielen Jahren und sieht das Hauptproblem in einem eklatanten Medienversagen. »Ich denke, die Problematik ist, dass erstens keine adäquaten Medien der Nachhaltigkeit existieren und zweitens der Stand der Journalisten, aus den unterschiedlichsten Gründen heraus, das Thema einfach nicht wahrnehmen will beziehungsweise kann.« Drittens seien die Medien in ihrer aktuellen Ausformung »mit dem Thema Nachhaltigkeit schlicht überfordert«. Selbst die Berichterstattung in überregionalen Tageszeitungen münde häufig in ein »Tal der Ahnungslosigkeit«. Die Intellektuellen seien da, die Prominenten auch, sie hätten aber keine Abspielfläche. Kurzum: »Es fehlen die geeigneten Medien und Journalisten.«

Die These wird schwer zu widerlegen sein, dass wir es mit einem Versagen jener Medien zu tun haben, die sich für Qualitätsmedien halten. Sicher ist das Thema speziell für Tageszeitungen oder gar das deutsche Leitmedium *Spiegel Online* schwer zu handhaben.

Und es gibt zwar in vielen Redaktionen Journalisten, denen die Dimension des Themas klar ist und die auch wacker an seiner Beschreibung und Diskussion arbeiten: Aber es gibt kein meinungsbildendes Medium in Deutschland, das daraus eine annähernd ganzheitliche Berichterstattung entwickelt hätte wie es der britische *Guardian* getan hat. Wie es aus der Redaktion heißt, habe Chefredakteur Alan Rusbridger die Dimension des Themas erkannt, die nötige Struktur geschaffen und die »Overreport«-Strategie entworfen, also das Thema aufgrund seiner überragenden Wichtigkeit zu »überreportieren«. Das Umweltteam des *Guardian* und seiner Schwestersonntagszeitung *Observer* umfasst über 15 Journalisten, darunter den führenden Umweltdenker George Monbiot, den Umweltbestsellerautor Leo Hickman und John Vidal, Elder Statesman des britischen Umweltjournalismus. In einem Nachhaltigkeitsmanifest auf guardian.co.uk verpflichtet sich die Guardian Media Group unternehmerisch und publizistisch der Nachhaltigkeit. Aber das Solitäre ist die Breite und Qualität der Berichterstattung, die an vielen Orten und in vielen journalistischen Formaten stattfindet. Laut Eigenbeschreibung deckt man thematisch ein Spektrum ab »von schmelzenden Polkappen bis hin zu der Frage, wie man ein grünes Begräbnis organisiert«.

In Deutschland gibt es keinen Chefredakteur, der proaktiv eine herausragende gesellschaftliche Verantwortung zur Herstellung von Öffentlichkeit sähe und diese dann auch in redaktionelle Konzepte gösse. Geschweige denn Transfers in die eigene Realität vornähme und, sagen wir, auf die Umsetzung moderner energetischer Konzepte nicht nur im Leitartikel, sondern auch im eigenen Verlagshaus drängte. Oder einen einstündigen Interviewtermin in New York nicht als großartige Statusaufwertung von Person und Medium sähe, sondern als zeit-, kraft- und ressourcenverschlingenden Unfug.

Innerhalb der Medienelite fehlen die Leitfiguren des Neuen nahezu komplett. Das aktuelle Modell unserer Konsum- und Wachstumsgesellschaft dominiert auch hier das Denken. Im Zweifel regiert die Sorge, dass (unser) Wohlstand ohne Wachstum auf Kosten von Umwelt und anderer Menschen nicht funktionieren kann. Viele Medien verdrängen ja auch die eigene Fragilität und das Worstcase-Szenario, dass die bisherige Geschäftsgrundlage angesichts der Digitalisierung nicht mehr lange allein tragen wird. Statt Zukunftskonzepte voranzubringen, werden hektisch Gründe gesucht, warum es noch lange so weitergehen kann wie bisher. So was färbt ab.

Klimawandel als weißer Fleck für Intellektuelle

Gerade auch Intellektuelle, so scheint es, halten sich beim Thema Klimawandel sehr zurück. Nun muss man zunächst sagen, dass es »die Intellektuellen« nicht gibt. Und man muss zugeben, dass die Verpflichtung von Intellektuellen zur Intervention nicht nur in Sachen Klimawandel gern beschworen und das Ausbleiben entsprechend beklagt wird. Aber es gibt nun mal den Begriff des öffentlichen Intellektuellen, der sich seiner Verantwortung bewusst ist und sie auch wahrnimmt. Diesen Typus des öffentlichen Intellektuellen gibt es in der Form nicht mehr, wie ihn Adorno, Horkheimer, Habermas, Robert Jungk, Dahrendorf und etwas wissenschaftsferner auch Enzensberger, Böll, Grass und Dutschke repräsentierten.

Der Rückzug der Intellektuellen aus der Öffentlichkeit hat auch mit der Situation der Hochschulen, einer anderen Medienrealität, der Entpolitisierung der Wissenschaft und dem Zusammenbruch des Sozialismus zu tun. Aber das Schweigen zu diesem speziellen Thema dürfte auch etwas damit zu tun haben, dass es eben auch im Denken und Leben von Intellektuellen nicht so verankert ist wie jene Themen, die dieses Land seit 1945 beschäftigt und bewegt haben, also die deutsche Schuld, die deutsche Teilung und mit Abstrichen die deutsche Wiedervereinigung. Den meist weit über 70-jährigen Großdenkern fehlt die Grundlage einer gelebten Klimakultur. Sie wissen zwar, dass schmutziger Strom unsere Welt erschuf und dass das Modell am Ende ist. Aber sie können sich nicht mehr vorstellen, zur Erhaltung dieser Welt sauberen Strom tatsächlich selbst zu produzieren. Es gibt keine gelernte, gedachte und gelebte Basis, von der aus sie sich zu kühnen Entwürfen aufschwingen könnten.

Dass für diese Gesellschaft die ökologische Transformation ansteht, ist zwar nicht auf der Ebene des Machens, aber auf der Ebene des Redens bürgerlicher Konsens – abgesehen von ein paar neokonservativen Publizisten, die sich um die Freiheit sorgen, die für sie auch die Freiheit ansteigender Meeresspiegel beinhaltet.

Der Wiener Philosoph Robert Pfaller ist ein Beispiel für einen Intellektuellen, der sich dem Konsens des Redens widersetzt. Er fürchtet die Gefahren der Bekämpfung des Klimawandels und nicht den Klimawandel selbst. Seine These: Das, wofür es sich zu leben lohnt, ist zwiespältig, teuer, ungesund, unanständig, unangenehm, unvernünftig. Also Spiel, Müßiggang, Alkohol, Exzess. Die Zeitläufte seien aber gekennzeichnet vom Rückzug der geselligen Gebote. Dafür habe man nun Prioritäten wie Sicherheit, Kosteneffizienz, Gesundheit – auch auf Kosten der Bürgerrechte. Die Welt mäßige sich maßlos. Die ihm wichtigen Lebensqualitäten würden alle den neuen Ge- und Verboten geopfert. In einer dysfunktionalen Konsumkultur rede man die Reduzierung zum Genuss hoch, etwa Kaffee ohne Koffein oder Sex ohne Körperkontakt, und verkläre den Lustverzicht zur neuen Lust. Alles nachvollziehbar. Nur steht auch hier im Raum, dass es schön war, als wir alle in der Kneipe geraucht haben – und nicht mehr schön ist, wenn wir als Gesellschaft ernsthaft unser Leben und Wirtschaften nachhaltig gestalten.

Der Fehler in diesem Denken – und Pfaller steht damit pars pro toto für eine Denkrichtung – liegt in der Behauptung, dass die Welt sich auch ökologisch »mäßige«. Das Gegenteil ist richtig. Die Welt mäßigt sich eben nicht. Es ist einzig das Reden, das sich mäßigt, der globale CO_2-Ausstoß und also die Maßlosigkeit, wenn man das so nennen will, nimmt Jahr für Jahr zu. Wenn man das nicht weiß, nützt auch die maximale Intellektualität nichts.

Peter Sloterdijk sprach beim Klimagipfel von Kopenhagen Ende 2009 davon, dass, die »Meteorologen an die Macht gekommen« seien. Sie seien »in die Rolle von Reformatoren« geraten. Riefen zu Umdenken und Umkehr, zu Selbstbeschränkung und Verzicht auf, kurz: Es drohe eine »meteorologische Reformation«. Sloterdijk gilt seinen Kritikern gern als »philosophischer Konjunkturritter«. Immerhin sieht er das Thema. Und dass er seither breit wahrgenommen wird, ist ein Beleg dafür, dass er tatsächlich ein Vakuum besetzt hat. Das Konzept einer »globalen Ethik der Mäßigung« hält er für unrealistisch. Weil der Mensch seiner Einschätzung nach nicht so drauf ist, sondern von anderen Triebkräften gesteuert wird. Da trifft er ohne Zweifel einen Punkt.

Doch auch er verkennt, dass der individuelle und gesellschaftliche Antrieb für eine Änderung von Lebensstilen und Wirtschaften eben nicht von Umkehr, Verzicht und Mäßigung angeheizt werden muss, wie Sloterdijk fürchtet. Sondern genauso angetrieben werden kann von Lust, von Innovation, von dem Wunsch, Verzicht zu vermeiden, aber auch von üblichen und bestens funktionierenden Treibern wie Aufstiegswillen und Geldgier. Sloterdijks Sorge besteht nun darin, dass das 21. Jahrhundert »als ein Jahrmarkt der Erlösereitelkeiten in die Geschichte eingehen wird, an dessen Ende sich die Menschen nach Erlösung von der Erlösung und Rettung von den Rettern sehnen werden«. Auch ihn ängstigt der Kampf gegen eine Klimakatastrophe sichtlich mehr als die Katastrophe selbst.

Der Literaturwissenschaftler Hans Ulrich Gumbrecht, »unser Mann« in Stanford, sorgt sich auch: »Vor allem aber ist gemeineuropäisch aus den ökologischen Praxisnormen und Begriffen, von Trennmüll über Windrad bis zur Nachhaltigkeit, eine diskursive Schneide geworden, jenseits derer man sich in ein moralisch aufgeladenes politisches Abseits setzt«, schreibt er in dem Beitrag »Misere der Meisterdenker« für die Wochenzeitung *Freitag*.[20] »Noch sind es nur kleine deutsche Universitätsstädte wie Freiburg, Konstanz oder Tübingen, wo Grüne zum Bürgermeister gewählt werden, aber bald schon werden wohl die ehemaligen Minderheitsmeinungen der akademischen Intellektuellen und Studienräte auch auf Landes- und Bundesebene mehrheitsfähig sein. Im wörtlichen Sinn sind deshalb die Grünen – eher als die Sozial- oder Christdemokraten – die Volkspartei der Gegenwart.«

Das ist auch für ihn keine gute Nachricht, sondern eine Problembeschreibung. Die ökologische Gesellschaft sieht er nicht als Fortschritt, sondern als Fortschrittsverweigerung. Von der Westküste aus betrachtet erscheint ihm die Entscheidung für Nachhaltigkeit in Europa Mainstream zu sein und auf weitgehender Einigkeit zu beruhen. Da stellt sich ihm die Frage, worin dann die Aufgabe des Intellektuellen bestehe. »Riskantes Denken«, schreibt er auf Anfrage per Mail, »könnte unter solchen Bedingungen nur sein, dass jemand gegen den Stachel (oder die Zentnersäcke) des Konsensus löckt.«

Man kann argumentieren, dass der in Kalifornien lebende Autor Jonathan Franzen mit seinem aktuellen Buch und Bestseller *Freiheit* im Grunde einen Klimawandelroman geschrieben hat. Zumindest ist er in einer Gegenwart angekommen, deren zentrales Thema der Klimawandel ist – oder genauer: die Unfähigkeit der verantwortlichen Generation, damit umzugehen.

Ian McEwan, ein weiterer englischschreibender Großschriftsteller, hat in *Solar* ebenfalls das Thema behandelt. Bei ihm geht es um den wissenschaftlichen Klimawandelzirkus und seine Verlogenheit. Sein Antiheld ist ein britischer Nobelpreisträger und hauptberuflicher Weltretter – und ein Musterbeispiel für die Schlechtigkeit des Menschen. Egofixiert, opportunistisch, verfressen, nicht in der Lage, sich und seine maßlosen Bedürfnisse auch nur zeitweise zu mäßigen. Die Erderwärmung, die er unter großem Beifall zu bekämpfen vorgibt, interessiert ihn in Wahrheit null. Die Moral der Geschichte ist ähnlich wie bei Sloterdijk: Der Mensch ist so beschäftigt mit Saufen, Fressen, Sex und damit, den eigenen Untergang zu beschleunigen, dass er keine Zeit hat, die komplizierten Probleme des 21. Jahrhunderts zu lösen.

Der Roman ist eher misslungen als ein Meisterwerk, aber er hat im Zusammenspiel mit Franzen den Klimawandel als zentrales Thema auch in der gehobenen Literatur etabliert. Ähnlich wie die Intellektuellen haben die Schriftsteller die Frage noch nicht beantwortet, wo genau der literarische Spielraum ist und was die Literatur zur Diskussion oder gar Lösung beitragen kann, außer das Problem anzuerkennen.

Desinteresse gegenüber der Gefahr von Klimakriegen

Dass der Mainstream längst grün und Deutschland doch längst öko sei, dürfte eine der gravierendsten Fehleinschätzungen der Gegenwart sein. Von Europa ganz zu schweigen. Selbst hochmoralische politische Menschen, die etwa den Grünen weder den Krieg in Jugoslawien noch Hartz IV jemals verzeihen werden, zeigen unverhohlenes Desinteresse, wenn es um einen eigenen Beitrag zur Verhinderung künftiger Klimakriege und Genozide geht.

Auch ist das Fachwissen – im Vergleich mit anderen zentralen Themen der Gegenwart – häufig erstaunlich dünn. Das meint nicht nur Intellektuelle, sondern viele politisierte Kreise der Gesellschaft. So wird in Metropolenzirkeln gern die Dynamik ignoriert, die aus der Region kommt. Oder es wird im Zusammenhang mit so berechtigter wie wohlfeiler Kapitalismuskritik das Unternehmertum als Grundübel angeprangert – in völliger Verkennung der Aufklärungsentwicklung zumindest in Teilen der alten Wirtschaft. Und unter Ausblendung des totalen Stillstands in der eigenen Denkfabrik.

Es gibt schon Intellektuelle, die in den Feuilletons kompentent zum Thema publizieren. Einige wenige. Etwa Claus Leggewie und Harald Welzer; auch Ulrich Beck hat den Klimawandel an seine Themen angeschlossen. Der Politikwissenschaftler Leggewie und der Sozialpsychologe Welzer gehören zu denen, die gemerkt haben, wie wichtig dieses Thema ist und dass es vor allem auch um die bisher vernachlässigte kulturelle Dimension geht. Sie haben Klimakultur wissenschaftlich geprägt, daraus eine Forschungsagenda entwickelt und speziell auch mit dem Buch *Das Ende der Welt, wie wir sie kannten* Öffentlichkeit gewonnen.

Harald Welzer, außerdem auch Autor von *Klimakriege*, ist im Grunde der Beleg für die riesige Lücke, die zwischen Wissenschaft und Politik klafft. »Wir haben ein Flämmchen von Protestbewegung«, sagte er mir, »aber zu wenig Diskussion in den relevanten Kommunikationssegmenten der Gesellschaft.« Er sieht ein eklatantes Versagen der Kultur- und Sozialwissenschaften, was dazu führe, dass entscheidende zeitdiagnostische Fragen nicht thematisiert, geschweige denn geklärt würden – wie das etwa zu Beginn der Ökobewegung und der Anti-Atombewegung gewesen sei. Das führe auch dazu, dass die Klimawissenschaftler in eine Rolle gedrängt würden, in der sie gesellschaftliche Fragen beantworten sollten, die nicht Teil ihrer wissenschaftlichen Arbeit seien. »Das ist nicht kritische Deutungselite innerhalb moderner Demokratien, sondern partikular.« Sozialwissenschaftler, Politologen und Historiker sieht er in der Verantwortung, »die gesellschaftlichen Implikationen zu thematisieren«.

Welzer ist hier an dem alles entscheidenden Punkt: Dass es im Kern eben nicht um die Zukunft des Klimas oder die Zukunft der Eisbären, sondern um die Zukunft der menschlichen Gesellschaften geht. Solange das nicht klar ist, kommt der Diskurs nicht voran. Dass man angesichts des angeblichen gesellschaftlichen Konsens als Intellektueller keinen argumentativen Spielraum habe, bestreitet Welzer. Es gebe genug Raum. Indem man genau dieses Thema aufgreife: Dass auf der Ebene des Bewusstseins vieles ergrünt sei und auf der realen Ebene der Konsum und die Emissionen seit Jahren munter weitersteigen.

Geht es nur mit Prominenten?

Braucht es wirklich Stars, um die Energiewende voranzubringen? Die Skepsis ist zunächst nachvollziehbar. Seit wann sind wir starhörig oder reduzieren komplexe Sachverhalte durch entdifferenzierte Personalisierung? Auf Konferenzen der Klimawandelbranche reagiert man auf so eine Frage auch nicht gerade enthusiastisch. »Och, ja«, heißt es.

Kein Wunder, die Leute wollen ihre eigenen Stars sein. Und es ist auch hart, wenn man etwas seit vielen Jahren sagt, und keiner hört zu. Und dann sagt ein Schauspieler etwas, was man für selbstverständlich hält, und kommt damit in Fernsehtalkshows. Und Al Gore, so hieß es jahrelang abwinkend, habe ja auch nur Dinge erzählt, die man in Europa längst wisse.

So what? Die Amerikaner wussten es nicht, und der Film »An Inconvenient Truth« über die Folgen des Klimawandels avancierte in den USA zu einem der erfolgreichsten Dokumentarfilme überhaupt. Gore, sein Hauptdarsteller und Spiritus Rector, erhielt einen Oscar, den Friedensnobelpreis und stieg danach zum globalen Gesicht des Kampfes gegen den Klimawandel auf. Man sah ein Foto von Al Gore und dachte: Ah, richtig, Klimawandel, ein riesiges Problem, wir müssen das jetzt unbedingt angehen. Die allgemeine Glaubwürdigkeitskrise der Politik war zu der Zeit durch den republikanischen Präsidenten George W. Bush vertieft worden. In dieser Situation stand der aus der Politik ausgeschiedene frühere Vizepräsident Gore für das Gefühl, die großen Probleme müssten jenseits der Politik angegangen werden.

In den letzten Jahren hat er die Position als moralischer Gegen-Präsident wieder abgegeben, was sicher mit der Wahl des Demokraten Barack Obama zum Präsidenten zu tun hat. Aber auch damit, dass die »Geschichte« für viele Medien »auserzählt« schien und nach dem Hochschreiben üblicherweise das Runterschreiben zu folgen hat. Dass der Klimawandel ein Problem ist und wir nur wenige Jahre Zeit hatten, war ja nun gesagt. Insofern konzentrierte man sich anschließend darauf anzuprangern, dass Gore mit dem Privatjet fliegt, ein energieintensives Eigenheim besitzt und viel Geld für eine Standardrede nimmt.

Aus grundsätzlich-demokratischen Erwägungen ist es sicher nicht zu begrüßen, wenn sich ein globales Thema auf ein Gesicht verengt. Man muss allerdings davon ausgehen, dass auch der Vatikan ohne den Papst nicht annähernd eine so hohe Wahrnehmung hätte. Und dass man dorthin sprechen muss, wo sich nicht die Ohnehin-Überzeugten zunicken. Gores Erfolg kam ja eben nicht nur durch seine Argumente, sondern weil er – ausgerechnet – mit dem Transportmittel Kino eine Emotionalität erzeugte, die Menschen erreichte. Das war es, und das konnte er mit seinen Reden nicht.

Die Aufgabe besteht darin, die Geschichte der Nachhaltigkeit an neuen Orten zu erzählen. Und sie besteht darin, die Geschichte anders zu erzählen, um damit breiter in die Gesellschaft zu gelangen. Man kann die inszenierungs- und oberflächenfixierte Gesellschaft zurecht beklagen, aber wer für ein Thema dennoch Öffentlichkeit erzeugen will und keine Partei- oder Regierungspropaganda zur Verfügung hat, muss es über bekannte Gesichter machen. Es ist sogar so: Je mehr sich das Gemeinwesen zu einer Mediendemokratie entwickelt, desto wichtiger werden charismatische Meinungsführer. Das »symbolische Kapital des Ruhms«, schreibt der Publizist Thomas Groß, könne die »Aufmerksamkeitsströme« auf Probleme umleiten.[21] Faustregel: Je komplizierter das Thema, desto bekannter sollte das Gesicht sein.

Wichtig für Nachahmung ist gerade bei dem verminten Thema Lebensstiländerung, dass die Dinge nicht nur behauptet, sondern glaubwürdig vorgelebt werden.

Der Solarunternehmer Frank Asbeck (Solarworld) wirbt mit dem Fußballnationalspieler Lukas Podolski. »Ich glaube, dass der Mensch dazu neigt, sich Vorbilder zu suchen oder Gesichter zu Ideen merken zu wollen«, sagt Asbeck, »deshalb sind Prominente vielleicht notwendig.« Als Gründungsmitglied der Grünen ist er selbstredend anders sozialisiert: »Wir haben uns bei unserem politischen Produkt auf Symbolik verlassen, nämlich die Sonnenblume«, sagt er. Aber: »Das war überlagert von dem Wunsch der Menschen, sich auch Menschen hinter einer Idee vorzustellen.«

Asbeck geht als Unternehmer dahin, wo der Markt ist, und hat daher seine Werbung an die beiden Hochorte deutscher Fernsehunterhaltung gebracht: Er hat seine Solarcarports in der ZDF-Samstagabendshow »Wetten, dass ...?« untergebracht, wo zuvor nur Limousinen verlost wurden, die Unmengen fossilen Brennstoffs verbrauchen. Und dann hat er für die Werbung der Samstagabend-Sportschau eben den Fußballnationalspieler Lukas Podolski als Werbefigur für seine Solarmodule engagiert.

»Poldi macht als Werbeikone für Solarworld Sinn«, sagt Asbeck, »denn unsere Klientel sind Dachdecker, sind Elektromeister, sind Handwerker, die immer einen Hang zum ordentlichen Fußball haben.« Asbeck gehört zu den dem 1. FC Köln nahestehenden Geschäftsleuten, die 2009 den Rücktransfer Podolskis vom FC Bayern München mitfinanziert haben. Bevor es soweit war, fuhr er nach München, um zu sehen, ob Podolski auch als Werbefigur für ihn geeignet wäre.

»Ich hab' ihm dann einen 25-minütigen Vortrag über den äußeren und inneren photoelektrischen Effekt gehalten. Und er hat sich das angehört und dann irgendwann gesagt: ›Ich glaub', ich hab' das jetzt verstanden. Das ist wie beim Fußball: Da kommt das Ding von oben, und dann brauchst du eine Klassetechnik, und dann geht's ab ins Netz.‹« Er, Asbeck, habe gesagt: »Super, Lukas, wiederhol' das bitte nochmal ganz langsam, daraus machen wir unsere Werbung.« Und so geschah es.

Nun handelt es sich bloß um Werbung für ein Produkt, das die Leute kaufen sollen. Aber genau darum geht es eben auch: Dass an dem Ort, wo der Mainstream ist und wo die Kaufentscheidungen fallen oder verstärkt werden, nicht mehr nur Kohle- und Atomstromkonzerne werben, sondern der Eigenstrom produzierende Podolski die Nachbarn bei sich Fußball schauen lässt, weil bei denen der zentral erzeugte Strom ausgefallen ist, während seiner dezentral vom eigenen Dach kommt und nicht ausfällt. Etwas künstlerische Freiheit, aber damit wird auch die Moralkeule aufgehoben. Solarpanel hat man nicht, weil man ein guter Mensch sein muss, sondern weil man damit immer Fußball schauen kann.

In einem anderen Spot sagt eine Frauenstimme: »Die Sonne kommt von oben, wir nehmen sie an und schicken sie direkt ins Netz.« Dann sieht man Podolski, wie er einen von oben heranfliegenden gelben Ball mit der Brust stoppt und volley ins Tornetz hämmert. Er lächelt und sagt einen Satz, mit dem die komplizierte Geschichte der Energiewende für uns Sportschau-Kunden verständlich gemacht und positiv emotional besetzt wird. Podolski sagt nämlich: »Also genau wie auf dem Platz. Nur halt auf dem Dach.« Das leistet in seiner intellektuellen Verdichtung mehr als mancher dreitägige Kongress. Podolski habe im Übrigen tatsächlich selbst Photovoltaik auf dem Dach, sagt Asbeck. Plus ein paar Solarcarports in dem von ihm gesponsorten Jugendverein in Köln-Hürth stehen: »Das ist schon seine Überzeugung.«

Für den Oldenburger Nachhaltigkeitsforscher Niko Paech ist die Frage nicht, ob es genügend prominente Vorbilder und Opinion Leader gibt, sondern wofür sie stehen. »Da wo es um den Versuch geht, über Technologie und den Green New Deal unser Wohlstandsmodell zu verlängern, fehlt es überhaupt nicht an Prominenten«, sagt er. Heißt: Die Zustimmung zu erneuerbaren Energien oder E-Mobilität ist mehrheitsfähig und unproblematisch. »Aber wo es um die andere und dringlichere Dimension geht, um Postwachstumsökonomie und damit auch um unbequeme Botschaften, da findet sich überhaupt niemand.«

Paech ist Professor für Produktion und Umwelt und hält »grünes Wachstum« für eine Schimäre. Die einzige Möglichkeit für eine Zukunft der Gesellschaften ist für ihn die »Postwachstumsökonomie« und damit ein Wirtschaftssystem, das nicht auf Wachstum angewiesen ist, sondern den Konsum reduziert und Teile seiner Wertschöpfungsprozesse entmonetarisiert und regionalisiert. Dazu gehört ausdrücklich Suffizienz, also dass der Mensch seine Nutzung natürlicher Ressourcen zugunsten anderer Menschen einschränkt.

Das Wort Suffizienz ist allerdings selbst bei vielen Grünen-Politikern tabuisiert. Sie fürchten, dass es den ökologischen Move der Gesellschaft nicht befördert, sondern bremst. »Der technische Weg ist gepflastert von Prominenten«, sagt Paech, »aber der kulturelle Weg der Reduktion liegt verlassen da.« Viele meinungsbildende Nachhaltigkeitsvertreter gingen ausdrücklich auf Distanz dazu. »Werbung für Nachhaltigkeit light kann sogar kontraproduktiv sein, Werbung für fortgeschrittene Nachhaltigkeit ist nicht in Sicht«, sagt Paech. In diesem Zusammenhang muss man die Geschichte des Grünen Tübinger Oberbürgermeisters Boris Palmer erzählen. Dass er seinen Dienst-Daimler gegen ein effizientes Hybridauto tauschte (technologischer Fortschritt), wurde bei den Leuten kontrovers diskutiert, aber letztlich positiv aufgenommen. Doch als er dann erzählte, er habe im Winter keinen Kühlschrank, da reiche die Fensterbank (Einschränkung und Lebensstiländerung), waren die Reaktionen fast komplett negativ. Tenor: Jetzt reicht's aber.

Christiane Paul gab zur Veröffentlichung ihres schon erwähnten Buches *Das Leben ist eine Ökobaustelle* auch einer ganzen Reihe von Printmedien Interviews, um über das Thema Klimakultur zu sprechen. Darüber wurde in den Gesprächen dann auch geredet. Mal mehr, mal weniger – in der Regel weniger. Dafür wollten die Journalisten aber ebenfalls über ihre Themen sprechen, zum Beispiel über die Frage, wie Frau Paul als Frau denn Schönheitsoperationen gegenüberstehe.

Antwort: aufgeschlossen.

Das schickten die Zeitungsredakteure dann an die Nachrichtenagenturen – und das wurde dann in den nächsten Tagen in anderen Medien verbreitet. Vom Klimaproblem kein Wort. Etwas überspitzt kann man sagen, dass Pauls Versuch, über individuelle und gesellschaftliche Bewegung angesichts des realen Klimawandels zu sprechen, in der Medienrealität und Nachrichtenwelt auf Folgendes reduziert wurde: Christiane Paul schließt Schönheits-OP nicht aus. Christiane Paul fand Modelwelt oberflächlich. Christiane Paul hat Angst vor dem Alter (wegen der Falten, nicht wegen der Folgen des Klimawandels).

Ein Seite-1-Redakteur eines Wochenmagazins fragte seinen Interviewer, worum es denn in dem Gespräch mit der schönen Schauspielerin gehe.

Der Interviewer sagte: Sie agitiert für gesellschaftliche Bewegung angesichts einer drohenden Klimakatastrophe.

Der Seite-1-Redakteur irritiert: Hmhm. Und sonst?

Der Interviewer: Sie sagt, dass es für Schauspielerinnen schwierig werde, wenn sie älter werden.

Daraufhin titelte der Seite-1-Redakteur: »Christiane Paul: Fluch der Schönheit.«

Leute: Das kann es ja wohl noch nicht gewesen sein.

10 Der Kampf geht weiter – wie die Energiewende gelingen kann

Die deutsche Umweltbewegung feiert: Endlich setzt sich eine ihrer Vorstellungen durch: Die Energiewende, seit 30 Jahren vorgedacht und angemahnt, nimmt nun langsam Gestalt an. Der Atomausstieg wird von einer konservativen Regierung durchgezogen. Und Michael Sontheimer, Ex-Chefredakteur der *taz*, kann es sich eine Woche nach der Katastrophe von Fukushima nicht verkneifen darauf hinzuweisen, die Anti-AKW-Kämpfer hätten »die künftige historische Wahrheit schon vor über 30 Jahren antizipiert«.

Die Begeisterung ist verständlich. Schließlich hat die Ökobewegung sonst gerade bei den langfristigen globalen Trends kaum etwas zu feiern. Zum Überschwang trägt bei, dass die Bewegung den Eindruck hat, endlich einmal »zu liefern«. Doch die Ökos sollten bei aller Begeisterung über Atomausstieg und Energiewende vorsichtig sein. Denn die Wende hat gerade erst begonnen. Und noch ist völlig offen, wo sie sich überhaupt hinwendet. Wer zuerst lacht, lacht vielleicht am kürzesten.

Es gibt zwar viele Anzeichen dafür, dass sich die deutsche Energielandschaft durch den Schock von Fukushima nachhaltig verändert. Aber ob diese Veränderungen im Öko-Sinne nachhaltig sein werden oder ob Atom durch Kohle ersetzt wird und die Konzerne mit einem grünen Anstrich so weitermachen wie bisher, muss sich erst noch zeigen. Auch hier stehen viele Zeichen günstig. Am wichtigsten für den Erfolg der Energiewende ist wohl die Erosion der Konzernmacht durch den Aufbau der erneuerbaren Energien und durch die Anforderungen des europäischen Strommarkts und des Klimaschutzes. Aber die Umweltbewegung sollte sich vor dem Wunschdenken hüten, die Macht der Stromkonzerne sei gebrochen und der Kampf zwischen Bürgern und Konzernen um die Energiewende sei im Sinne der Davids entschieden. Wenn es richtig war, die (Atom)Stromkonzerne als »Staat im Staate« zu bezeichnen, vor ihrer politischen Macht zu warnen und ihre ökonomische Omnipotenz zu bekämpfen, dann gibt es keinen Grund anzunehmen, solche Gegner ließen sich widerstandslos vom Spielfeld tragen. Keine Frage, ihre Macht bröckelt. Doch ob das nur an den Rändern oder auch in der Substanz geschieht, ist noch nicht entschieden.

Diese Entscheidung fällt heute und morgen. Sie fällt in den Konzernzentralen, aber auch auf dem Dach von Privathäusern; im Bundestag, aber auch bei der Gemeindeversammlung auf der Schwäbischen Alb. Energiepolitik in Deutschland wird nicht mehr nur in ein paar Unternehmen und in den Vorzimmern der Ministerien gemacht, sondern auch durch die Bürger, die sich Energie nicht einfach von außen zuliefern lassen, sondern selbst erzeugen. Mit den »Stromrebellen« aus dem Schwarzwald hat sie angefangen, mit Gründungen wie Greenpeace Energy oder Lichtblick ist sie weitergegangen und mit dem dezentralen Kraftwerk auf dem Dach des Eigenheims oder im Keller des Gemeinschaftshauses wird die Energiewende immer realer. Der Strom kommt immer noch aus der Steckdose. Aber jetzt gehört diese Steckdose uns.

»Klein gegen Groß« hat Konjunktur

Der Kampf »Groß gegen Klein« oder auch »Zentral gegen Dezentral« passt gut in die gesellschaftliche Landschaft. An vielen Orten rebellieren die Menschen gegen zentrale Strukturen, die als lebensfeindlich begriffen werden: Der Aufstand der »Occupy«-Bewegung gegen die Macht der anonymen Großbanken, die weltweite Kritik am Gebaren der multinationalen Konzerne, die Proteste gegen die Spardiktate aus Brüssel und anderen Hauptstädten zeigen die aktuellen und die zukünftigen Konfliktlinien. Die zentralisierte Macht, ohne die große Ideen und Großtechnologien nicht denkbar sind, steht unter wachsendem Rechtfertigungsdruck.

Die Welt ist in den letzten Jahrzehnten kleiner geworden und enger zusammengerückt. Das hat die Ideen zur Erklärung der Welt vielfältiger und weniger eindeutig gemacht. Viele hochfliegende Utopien, die auch oft in Megaprojekten verwirklicht werden wollten, sind abgestürzt: vom Sozialismus sowjetischer Bauart über die Idee des umfassenden Wohlfahrtsstaats bis zum Gottesstaat. Wer heute noch kommt, um mit einem großen Wurf komplizierte Probleme – wie die Energieversorgung einer hochkomplexen Industriegesellschaft – zu lösen, der muss sich kritische Fragen gefallen lassen. Vor einem halben Jahrhundert wurde die Atomkraft auch deshalb begrüßt, weil sie in das Bild passte, mit einem großen technischen Entwurf das Energieproblem bis in alle Ewigkeit zu lösen. Geblieben davon sind zumindest in Deutschland nur die Jahrtausende, in denen der atomare Müll noch lebensgefährlich bleibt. Ansonsten ist inzwischen den meisten Menschen hierzulande klar: Small is beautiful.

Die Kernschmelze für diese Einstellung zur Energieversorgung ist vor einem Vierteljahrhundert passiert: Spätestens seit Tschernobyl 1986 war einer wachsenden Gruppe von Menschen klar, dass die Atomkraft nicht der Königsweg in unsere Energiezukunft sein könnte und dürfte. 25 Jahre lang hat sich dieses Denken durch die deutsche Gesellschaft verbreitet, hat sich in einem Lebensstil und einer Weltanschauung breit gemacht und den gesellschaftlichen Diskurs zum Thema Energie immer mehr bestimmt. Auch die Stromkonzerne und die Nuklearindustrie agieren und argumentieren seit dieser Zeit aus der Defensive heraus und verabschieden sich nach und nach von ihren Welterlösungsphantasien durch das Atom. Schon beim rot-grünen Atomausstieg 2000 ging es für die Konzerne nur noch um Besitzstandswahrung und ein geordnetes Auslaufen ihrer Gelddruckmaschinen, zu denen sich die abgeschriebenen Atomkraftwerke entwickelt hatten.

Es klingt zynisch: Aber der dreifache Super-GAU von Fukushima ist für die deutsche Energiepolitik zur richtigen Zeit passiert. Deutschland ist bereit für eine Stromwende, die Alternativen haben sich ein Jahrzehnt lang entwickelt, die Energiekonzerne sind mürbe geworden und die Politik will diesen gesellschaftspolitischen Dauerkonflikt schon lange vom Tisch haben. Anders als noch vor ein paar Jahren herrscht jetzt, nach den Erfahrungen mit Wirtschaftscrash und Finanzkrise, auch eine Stimmung, regulierend und mit staatlichen Eingriffen gegenzusteuern. Die lange herrschende neoliberale Erlösungslehre, dem Markt freie Hand zu gewähren, hat spätestens seit dem Beginn der Finanzkrise 2008 deutlich sichtbar Schiffbruch erlitten. Günstige Umstände für eine Energiewende also, die ja nur politisch nachvollzieht, was sich die Mehrheit der deutschen Bevölkerung schon seit langem wünscht.

Und doch: Ob diese Wende tatsächlich eine zukunftsfähige Energieversorgung bringt, ist noch lange nicht entschieden. Bisher denkt ein großer Teil der Industrie, Deutschland könne und wolle sich einfach eine parallele Energiestruktur aus Erneuerbaren leisten: zusätzlich zu den Kohlemeilern einfach noch die gleiche Kapazität Windkraft aufbauen. Dazu gibt es berechtigte Zweifel, ob die Zahlen der Bundesregierung, mit denen sie Atom- und Kohleausstieg begründet, einem Stresstest in der Realität standhalten. Und tatsächlich schaffen die Energieversorger Fakten, indem neue Kohlekraftwerke ans Netz gehen. Einmal gebaut, garantieren diese Anlagen für 40 Jahre nicht nur Rendite, sondern vor allem eine Menge Treibhausgasemissionen.

Jetzt die Pflöcke für die Zukunft einschlagen

Fachleute warnen deshalb vor dem »lock in«, dem Zementieren von Strukturen, die unsere Energieversorgung für Jahrzehnte festlegen. Das müssen die Anhänger der Energiewende mit einem »lock in« von Lösungen kontern, also jetzt Strukturen festlegen, die auf Jahre und Jahrzehnte die Energiewende absichern. Das EEG war ein solcher Pflock, der eingeschlagen wurde. Die Bundesnetzagentur, die seit 2005 über den Zugang zu den Stromnetzen wacht, war nach langer Zeit ein weiterer Schritt. In den nächsten fünf bis zehn Jahren müssen jetzt die nächsten wichtigen Strukturen aufgebaut werden, ohne die eine Energiewende auf halbem Weg steckenbleiben kann: eine neue und intelligente Netzstruktur; schnelle Fortschritte bei der Speichertechnik für erneuerbaren Strom; und vor allem Quantensprünge bei der Energieeffizienz und beim wirklichen Ende der Energieverschwendung. Dafür müssen in den nächsten Monaten und Jahren die Weichen gestellt werden, und zwar so, dass sie nicht einfach wieder zurückgenommen werden können, sollten einmal wieder andere Zeiten kommen und andere Mehrheiten herrschen.

Um diese Forderungen umzusetzen, braucht es Strukturen. Wichtig und unverzichtbar ist dabei ein eigenes Bundesenergieministerium, das sich der Energiewende verpflichtet fühlt.

Denn bislang sind die Zuständigkeiten für dieses zentrale Zukunftsressort über viele Administrationen verteilt: Für Energiefragen ist eigentlich das Wirtschaftsministerium zuständig, für Erneuerbare aber das Ressort Umwelt. Das meiste Geld für internationale Energie- und Klimaprojekte kommt wiederum vom Ministerium für Entwicklungszusammenarbeit. Den größten indirekten Einfluss auf Klima- und Energiebilanzen hat dagegen das Bundesministerium für Bauen und Verkehr und das Ministerium für Landwirtschaft reguliert den wichtigen Bereich der Klimagase aus der Landwirtschaft und den Anbau von Energiepflanzen. Das Auswärtige Amt schließlich arbeitet intensiv an einer eigenen Klimadiplomatie. Um aus diesen divergierenden Interessen eine konsistente Politik zu formulieren, die die nationalen, europäischen und globalen Anstrengungen für eine Energiewende vorantreibt, ist ein eigenes Energieministerium als Querschnittsressort dringend nötig.

Es braucht aber auch noch andere Pflöcke: Wer die Energiewende absichern will, der muss eine gesellschaftliche Klimakultur aufbauen und lebendig erhalten. Nötig dafür sind Multiplikatoren für alle Bereiche der Gesellschaft, eine Denk- und Konsumavantgarde, die das Neue diskutiert, vorzeigt und auch als erstrebenswerten neuen deutschen – oder besser noch: europäischen – Lebensstil zelebriert. Wir müssen diskutieren, welchen Umbau wir durch mehr Effizienz erreichen und welche Veränderungen nur durch Veränderung des Lebensstils zu erreichen sind. Und wir benötigen einen »Prominenztransfer«: So wie es großartige Autos braucht, die kein Benzin verbrennen, braucht es Stars, die diese Autos fahren, und solche, die kein eigenes Auto mehr besitzen, sondern über Carsharing mobiler sind als mit ihrem eigenen Wagen. Es braucht Intellektuelle, die die gesellschaftliche Dimension beschreiben – weit über Fragen von Solarförderung, Speicherung, Dämmung und schmelzenden Eisschilden hinaus; es braucht Behörden, die wissen, wie man den politischen Gestaltungswillen in der täglichen Bürokratie durchsetzt; und Journalisten, die dafür sorgen, dass auch die etablierten Medien anders und weiter denken als nur bis zum nächsten Quartalsbericht – oder die gleich neue Medien etablieren.

Es braucht aber auch – und daran werden sich viele Umweltschützer, deren Herz traditionell links schlägt, erst noch gewöhnen müssen – neue Eliten und Unternehmer. Für eine erfolgreiche Energiewende sind neue Karriereversprechen notwendig, so dass die Ehrgeizigen und Hochqualifizierten einsteigen. Die Energiewende muss hip sein und reich machen. Wir brauchen Unternehmer, die sich aus innerem Antrieb den neuen Energien verschreiben genauso wie solche, die mit dem Profit aus den Windrädern oder Solaranlagen ihren Maserati finanzieren wollen. Der altlinke Verdacht: »Der will damit doch nur Geld machen«, muss sich ins Gegenteil verkehren: »Hoffentlich macht er damit Geld. Und bringt seine Kollegen gleich noch mit …«

Was bleibt: die W-Frage

Wenn mit all diesen Leitplanken – und sicher noch einigen anderen, an die wir jetzt noch nicht denken – die Energiewende gelingt, bleibt immer noch die große Frage: Ist unser Wirtschaftssystem dann nachhaltig? Können wir auf dem Wachstumspfad so weiter gehen wie bisher?

Eine Antwort darauf bleibt bruchstückhaft. Die positive Sicht der Dinge: Wenn Deutschland, Europa oder gar die großen Wirtschaftsnationen insgesamt es schaffen, ihre Energieversorgung von fossilen auf regenerative Quellen umzustellen, haben sie die größte Herausforderung gemeistert. Mit der Eindämmung des Klimawandels stünde der Fortsetzung des bisherigen Wachstumsweges grundsätzlich nichts im Wege. Denn der Beweis wäre erbracht, dass Industrienationen partielle Gefahren aus dem System herausoperieren können, ohne sein Funktionieren in Frage zu stellen. Wenn man den Ausstoß von Kohlendioxid drastisch reduzieren und die sich abzeichnende Knappheit billiger fossiler Energieträger umgehen kann, ist es möglicherweise auch machbar, anderen Engpässe durch neue, intelligente Lösungen auszuweichen.

Für Deutschland könnte sich diese Variante besonders günstig auswirken. Als Vorreiter der Energiewende würde sich unsere Position auf dem Weltmarkt verbessern. Während die Wirtschaft in anderen Staaten im Wesentlichen weiter auf fossile Energie vertraut, hätte Deutschland bei steigenden Öl-, Gas- und Kohlepreisen, die andere Volkswirtschaften belasten, irgendwann einen entscheidenden Kosten- und Wettbewerbsvorteil. Während die Energiewende in Deutschland zunächst als teure Bürde begriffen wird und wie ein Investitions- und Konjunkturprogramm wirkt, würde sie später auch einen Exportboom auslösen. Sie würde das deutsche Wirtschaftswachstum weiter ankurbeln.

Die zweite Antwort auf die Wachstumsfrage ist deutlich pessimistischer. In dieser Perspektive wäre unsere Wachstumswirtschaft auch mit gelungener Energiewende nicht nachhaltig. Denn vielfältige Probleme bleiben bestehen. Beispielsweise wird der Landschaftsverbrauch durch den Bau immer neuer Straßen, Industrieanlagen und das Flächenwachstum der Städte fortgesetzt. Auch die Überfischung der Meere hält an. Selbst bei höheren Recycling- und Effizienzquoten verbrauchen immer mehr Produkte immer mehr Rohstoffe und steigern den Bedarf an Energie und Transport. So bedeutet anhaltendes Wirtschaftswachstum eine ständig fortschreitende Überbeanspruchung der natürlichen Ressourcen. Trotz Energiewende wird unser ökologischer Fußabdruck größer. Der Traum vom grünen Schlaraffenland durch saubere und günstige Energie geht nicht oder nur begrenzt in Erfüllung.

Und auch in finanzieller Hinsicht leben wir weiterhin über unsere Verhältnisse. Zwei Prozent Wirtschaftswachstum – viele Regierungen streben Zuwächse in dieser Größenordnung an – sind nur zu erreichen, wenn die Banken wie bisher große Summen als Kredite an Unternehmen und Bürger vergeben. Die Finanzwirtschaft wächst weiterhin stärker als die Herstellung von Waren und Dienstleistungen, die gesamtwirtschaftliche Verschuldung wächst schneller als die Produktion. Damit aber wird es immer wieder, möglicherweise in kürzeren Abständen als bisher, zu Finanz- und Spekulationsblasen, zu Banken- und Verschuldungskrisen kommen. Auch in finanzieller Hinsicht arbeitet das System also nicht nachhaltig. Diese verhängnisvolle Dynamik ließe sich nur verlangsamen, wenn beispielsweise die Kreditvergabe verringert würde. Das aber bremste das Wirtschaftswachstum aus. Unter dem Strich bleibt die Erkenntnis, dass die Marktwirtschaft in ihrer gegenwärtigen Form langfristig nicht überlebensfähig ist – mit oder ohne Energiewende.

Vertrauen in die Zukunft

Doch für eine solche »Wachstumswende« kann die Energiewende durchaus Vorreiter und Testgebiet sein. Denn beide Prozesse werden Jahrzehnte dauern und müssen von einer großen Koalition aus Interessen und Akteuren angeschoben und durchgekämpft werden. Eine erfolgreiche Energiewende braucht daher Vertrauen in die Zukunft. Das ist für die kritischen Geister in der Energiepolitik vielleicht die schwerste Übung. Über Jahrzehnte haben sie sich darin geübt, die herrschenden Konzepte auf Schwachpunkte abzuklopfen – jetzt müssen sie plötzlich selbst Konzepte liefern. Ihre Ideen, wie man die Energieversorgung verlässlich, bezahlbar und umweltfreundlich machen kann, werden plötzlich nicht mehr im Labor, sondern in der Wirklichkeit getestet. Sie müssen nun vorangehen und auf die mehrfache Innovationskraft vertrauen, die gerade die erneuerbaren Energien in den letzten Jahren immer wieder gezeigt haben: technische Innovationen, von denen sich viele Planer eher »Fortsprünge« als »Fortschritte« erhoffen; soziale Innovationen, wenn es etwa um einen anderen Umgang mit Energie geht; und politische Innovationen, die etwa zu verstärkter Bürgerbeteiligung und mehr Demokratie führen sollen.

Gerade in der Energiepolitik ist kaum ein Begriff in den letzten Jahrzehnten so missbraucht worden wie das Vertrauen: Vertrauen in die Sicherheit von Atomkraftwerken, in die Richtigkeit von Prognosen, in die Unabhängigkeit von Experten oder in die Aufrichtigkeit von Managern und Politikern. Trotzdem gibt es zu ihr keine Alternative. Denn ohne ein realistisches Vertrauen ins Morgen kommt die Energiewende nicht vom Fleck. Man muss nicht so weit gehen und wie US-Klimaschützer eine neue »Apollo«-Mission ausrufen, die alle gesellschaftlichen Kräfte auf dieses Ziel hin bündeln soll. Aber wer angesichts von rasantem Klimawandel, von Ressourcenkrise, Finanzkrise und wirtschaftlichem Abschwung in – verständliche – Depression verfällt, der fährt die Energiewende gegen die Wand.

Aktives Vertrauen ist daher angesagt, kein passives Warten darauf, dass irgendwie schon alles gut wird. Was es braucht, sind viele Bürgerinnen und Bürger, die sich nicht damit zufrieden geben, den Konzernen eine Energiewende abzutrotzen, sondern die auch selbst mitbestimmen und mitmachen wollen. Ihr Vertrauen auf einen Erfolg stützt sich nicht auf einen Blick durch die rosa Brille, sondern auf eine kühle Analyse der Erfolgschancen für die Wende: Es gibt in Deutschland ein überwältigendes diffuses Umweltbewusstsein und eine breite Zustimmung zu einer »Energiewende«; es gibt eine Bereitschaft, für nachhaltige Energie mehr Geld zu bezahlen als für Atom und Kohle; es gibt mit der Industrie der erneuerbaren Energien eine breite ökonomische Basis für eine neue Energieversorgung; es gibt einen parteiübergreifenden Konsens zu dem Thema im politischen Raum; und es gibt starken Druck von außen durch knappe Ressourcen und einen galoppierenden Klimawandel.

Das Vertrauen in einen Erfolg der Energiewende stützt sich nicht auf Traumtänzerei, sondern auf Realismus. Deutschland hat gezeigt, dass es den Weg zur Energieversorgung des 21. Jahrhunderts kennt und bereit ist, ihn zu gehen. Jetzt müssen wir die nächsten Schritte wagen. Für alle, die an einer neuen, gerechteren und zukunftsfähigen Energieversorgung arbeiten, sollte es deshalb heißen: Kontrolle ist gut. Vertrauen ist besser.

Nachbemerkungen

Dieses Buch ist eine gemeinschaftliche Arbeit. Wir alle haben uns über die letzten Jahre intensiv und aus verschiedenen Blickwinkeln mit dem Thema Energie/Klima/Gesellschaft auseinandergesetzt. Da wir alle für die *tageszeitung* gearbeitet haben und/oder immer noch arbeiten, ist unser Buch also auch ein Ergebnis der Debatten und Analysen, die wir in der *taz* und mit anderen Kolleginnen und Kollegen führen. An dieser Stelle gebührt allen Dank, die uns in der Redaktion oder außerhalb mit ihren Fragen, Hinweisen und Informationen zum Nachfragen und Weiterdenken gebracht haben. Viele Gesprächspartner sind im Buch erwähnt, einige konnten oder wollten ihren Namen nicht veröffentlicht sehen. Ihnen allen sei auf diesem Weg für die Kooperation gedankt.

Unser besonderer Dank geht an Jürgen Gottschlich, der das Buch redaktionell betreut hat. Danke auch an Sven-Michael Veit von der *taz* Hamburg für seine Hilfe bei der Recherche des Offshore-Kapitels (Kapitel 2). Danke an das *taz*-Archiv. An Daniel Boese, Leo Hickman, Christiane Paul und Martin Unfried. Danke auch an Mathias Broeckers für die Idee und Umsetzung der Kombination *taz* und Westend, die das Buch erst möglich gemacht hat. Und danke an Rüdiger Grünhagen bei Westend für das Vertrauen und die gute Betreuung.

Auch wenn das Buch als Ganzes ein Gemeinschaftswerk ist, gibt es doch »Leit-Autoren« für die einzelnen Bereiche: Hannes Koch hat sich besonders um die Themen »intelligentes Stromnetz«, »Dinosaurier sterben langsam« und »Demokratie als Stolperstein« gekümmert. Peter Unfried recherchierte insbesondere die Komplexe »die neuen Energieunternehmer«, den Wandel von EnBW und die Frage der »Klimakultur«. Bernhard Pötter schließlich konzentrierte sich auf die Themen »Offshore und Effizienz«, auf die Finanzierung der Energiewende und auf die Einordnung und Analyse der aktuellen Energiepolitik am Anfang und im Ausblick.

Anmerkungen

1 Siehe auch http://www.bmu.de/energiewende/downloads/doc/46394.php
2 Siehe im Magazin *weiter.vorn*, 4/11, www.bau.fraunhofer.de
3 Siehe unter http://www.ibp.fraunhofer.de/Images/2009_64-CO_2-Gebaeudereport_tcm45-93208.pdf
4 Siehe unter http://www.deneff.org/cms/index.php/newsreader/items/id-10-punkte-sofortprogramm.html
5 Siehe unter http://www.bmu.de/energiewende/downloads/doc/46394.php
6 Siehe unter http://www.umweltrat.de/SharedDocs/Downloads/DE/06_Hintergrundinformationen/2011_05_Zeitgespraeche_Atomausstieg.pdf?__blob=publicationFile
7 Manuel Frondel, Christoph M. Schmidt und Nils aus dem Moore: *Eine unbequeme Wahrheit. Die frappierend hohen Kosten der Förderung von Solarstrom durch das Erneuerbare-Energien-Gesetz,* Nr. 40 vom 14. Dezember 2010. Siehe auch http://www.rwi-essen.de/publikationen
8 Siehe unter http://www.solarwirtschaft.de/fileadmin/media/pdf/wegweiser_sw_pvrm-lang.pdf
9 Siehe unter http://www.bee-ev.de/3:488/Meldungen/2010/Jaehrliche-Investitionen-durch-Erneuerbare-Energien-verdoppeln-sich-bis-2020.html
10 Siehe unter http://www.greenpeace.de/themen/energie/nachrichten/artikel/kohle_wird_staerker_subventioniert_als_bekannt-1/
11 Siehe unter http://www.greenpeace.de/themen/atomkraft/presseerklaerungen/artikel/atomstrom_kostet_bundesbuerger_304_milliarden_euro_staatliche_foerderung/

12 Siehe unter http://www.ioew.de/presse/pressemitteilungen/studie_investitionen_der_evu_in_ee/

13 *FAZ*, 9.4.2011, »Vollständiger Atomausstieg bis 2022«, Interview mit Hildegard Müller

14 ebenda

15 EWI, GWS, Prognos: *Energieszenarien für ein Energiekonzept der Bundesregierung*. Basel, Köln, Osnabrück 2010. Siehe auch unter http://www.bmu.de/files/pdfs/allgemein/application/pdf/energieszenarien_2010.pdf

16 IWES: Leitstudie 2010. Kassel 2010. Siehe auch unter http://files.messe.de/001/media/02informationenfrbesucher/vortraege/2011_4/Power-Plant-Technology_Langfristszenarien-und-Strategien-fuer-den-Ausbau-erneuerbarer-Energien-in-Deutschland.pdf

17 Siehe unter http://www.enbw.com/content/de/der_konzern/enbw/konzern_strategie/index.jsp

18 *taz*, 3.5.2011, »Wir haben nicht mehr beliebig viel Zeit«, Interview mit Claus Leggewie

19 Siehe unter http://www.bundesnetzagentur.de/cln_1931/DE/Sachgebiete/ElektrizitaetGas/EnergieNetzausbau/StromNetzEntwicklung/GenehmKonsultationSzenariorahmen/GenehmKonsultationSzenariorahmen_node.html;jsessionid=45B22C232F2D3CF367C47B2F570F6F65.
Die Stellungnahmen finden sich ganz unten auf dieser Seite

20 Siehe *Freitag*, 6.1.2011

21 Siehe *Die Zeit*, 6.6.2007

WESTEND

KonnyGellenbeck (Hg.)

Gewinn für alle Genossenschaften als Wirtschaftsmodell der Zukunft

ca. 240 Seiten, gebunden

Wo die Verkäufer auch Käufer sind, macht Betrug am Kundenkeinen Sinn. Das genossenschaftliche Wirtschaften hat demkapitalistischen Wettbewerb nicht nur diese Vertrauensbasisvoraus: Vom gemeinsamen Ziel angetrieben, sind Genossenschaftenoft Innovationsmotoren. Und nicht selten koppeln sieihr wirtschaftliches Handeln an ein politisches Ziel. Was sichanhört wie ein paradiesischer Zustand, wird weltweit seit mehrals hundert Jahren täglich und erfolgreich umgesetzt. Dieses-Buch zeigt, wie wir mit Genossenschaften den Kapitalismus überwinden können.

Armin Reller,
Heike Holdinghausen

Wir konsumieren uns zu Tode
Warum wir unseren Lebensstil ändern müssen, wenn wir überleben wollen

190 Seiten. Gebunden

Metalle und Holz, Getreide und Fleisch, Gas und Öl schippern über die Weltmeere, fließen durch Pipelines, sausen über Autobahnen von West nach Ost, Süd nach Nord. Und machen sich als Handy, Pullover oder Tierfutter erneut auf den Weg, mit unbekanntem Ziel. Der Menschheit stand noch nie so viel Energie zur Verfügung, dass sie sich selbst und die Waren aller Art pausenlos in Bewegung setzen konnte, zu Lande, zu Wasser und in der Luft. Doch wer zahlt den Preis für diesen Wohlstand? Armin Reller und Heike Holdinghausen zeigen die fatalen ökologischen, politischen und sozialen Folgen unseres Lebensstils. Und sie sagen: Wenn wir nicht bald anfangen, verantwortungsvoll mit den Ressourcen umzugehen, konsumieren wir unsere Welt zu Tode.

WESTEND

Ines Pohl (Hg.)

50 einfache Dinge, die Sie tun können, um die Gesellschaft zu verändern

192 Seiten, gebunden

Nimm die Dinge wieder selbst in die Hand!
In 50 Kapiteln beschreiben, empfehlen und kommentieren die AutorInnen, was Sie tun können, um die zivilgesellschaftliche, soziale und ökologische Entwicklung voranzubringen und das Gemeinwohl wieder in den Mittelpunkt zu stellen.Sie können im Großen genauso Einfluss nehmen auf gesellschaftliche Verhältnisse wie im Kleinen auf das persönliche Lebensumfeld. Kein typischer Ratgeber, sondern ein Sachbuch mit Gebrauchswert.

WESTEND

Jürgen Gottschlich, Sabine am Orde (Hg.)

Europa macht dicht
Wer zahlt den Preis für unseren Wohlstand?

221 Seiten, gebunden

In den letzten Jahren hat es die EU geschafft, mit äußerst repressiven Mitteln ihre Außengrenzen immer unüberwindbarer zu machen für Flüchtlinge, deren Armut und Verzweiflung sie durch ihre fragwürdige Wirtschafts- und Subventionspolitik zu großen Teilen mit verursacht. Die Situation an den Rändern der EU eskaliert, in Flüchtlingslagern etwa auf Lampedusa oder in Griechenland drohen humanitäre Katastrophen. Jürgen Gottschlich und Sabine am Orde zeigen die fatale Preisgabe der Menschenrechte an Europas Grenzen und fordern eine neue Flüchtlings- und Einwanderungspolitik für Deutschland und für Europa.